RADIKÁLIS ELEVENSÉG

a bántalmazáson túl

DR. LISA COONEY

ELISMERÉSEK

Akiknek mély hálával tartozom:

Gigi, Donna, Ramona, Mathes, Sage, Mandi, Laura, Tara, Linda, Reid, Krista, Jen, Megan, Sage, Anna Lena, Rebecca, Linda és a többi megszámlálhatatlan tudatosságkereső, akik fáradhatatlanul dolgoztak a színfalak mögött, és egyengették ezen alkotás útját azáltal, hogy a hátukon vitték a logisztikai dolgokat, lehetővé téve ezáltal, hogy én utazhassak és elhozhassam a Radikális elevenséget azoknak, akik valaha is küszködnének azzal, hogy túltegyék magukat a múlton és a bántalmazáson.

Erica Glessing, a Happy Publishing kiadó vezérigazgatója, amiért felkarolt és elismerte a nagyszerűségemet, valamint nyolc elsőszámú nemzetközi bestsellerre ösztökélt, ami hatalmas felfedéshez vezetett szakmailag, és azon túl is. Köszönöm, Happy Publishing, a teljeskörű jogokat arra, hogy beilleszthessek bármilyen más, Happy Publishing könyvben szereplő tartalmat ebbe a könyvbe.

Gary Douglas, Dr. Dain Heer és az Access Consciousness® eszközei. Teljesen elveszett voltam, amikor megtaláltalak titeket. Egyik szülőm halála hajtott valami teljesen másnak a felkutatására. Amit a trauma és bántalmazás rétegei alatt találtam MINDKETTŐTÖK szakképzett útmutatásának, kedvességének és szaktudásának hála, az ÉN voltam. Amit ti ketten megtestesítetek és tesztek, az inspiráció és ajándék egyben. Köszönöm.

Sandra Rogers, a Voice America Empowerment rádióműsorom vezető producere és a Voice America, amiért felkutattak, és adásba hoztak. Ez a műsor nagyította fel a szenvedélyem, hogy megszabadítsam a világot a bántalmazástól és bátorítsak mindenkit, hogy Radikálisan elevenen éljen.

Most már hallani a hangom, és az internetnek hála, megvan a lehetősége, hogy a világon bárhol, minden országban vagy városban meg is hallják azt. Ha valaki küszködik, hogy túllépjen a bántalmazáson és megteremtsen egy radikálisan eleven életet, lényegtelen, hol van az illető, akkor is meghallgathatja a műsort, valamint elolvashatja ezt a könyvet.

És még annyi minden jön ezután...

BEVEZETÉS

Az elmúlt 20 évben annak szenteltem az életemet, hogy segítsek másoknak kiszabadulni a „bántalmazás börtönéből", valamint megteremteni egy számukra ideális és örvendetes életet. Kliensek ezreivel dolgoztam már, akik lelkesednek a briliáns eredményekért, amiket elértek az általam kínált facilitálás során – ez egy kiegyensúlyozott egyvelege a potenciálnak, szexuálisságnak (a befogadás energiája), és a sebezhetőségnek.

Ebben a könyvben betekintést nyerhetsz ebbe a munkába, ami lehetővé teszi a számodra, hogy ne csak túltedd magad egy bántalmazó múlton, de át is hajts mindenen, ami megállított, hogy aztán teljes erőbedobással élj.

Képzett pszichoterapeutaként a karrierem elejének nagyját azzal töltöttem, hogy egy tradicionális gondolatmenetet követtem arról, hogyan épülhetnek fel az emberek a traumából és a bántalmazásból. Ez valószínűleg így is maradt volna, ha nem én lennék saját magam legjobb diákja.

Mondhatni, mindent, amit megtanultam, azt a nehéz úton tettem – tapasztalat révén.

Hadd magyarázzam el...

Az életem első két évtizedében rendkívül boldogtalan voltam. A húszas éveim elején ivással, drogok használatával és bulizással próbáltam meg tompítani az érzést. Túlsúlyos voltam, és magasról tettem saját magamra.

Egy este majdnem meghaltam a vakmerő viselkedésemnek hála.

Tudod, egy kifejezetten erőszakos háztartásban nőttem fel. Kisbaba koromtól kezdve a húszas éveimig bántalmaztak szexuálisan, fizikailag, és érzelmileg.

Állandóan bűnösnek, reménytelennek és terrorizálva éreztem magam. Bármit tettem, az nem segített, a boldogság pedig reménytelenül elérhetetlennek tűnt. Az is lehetetlennek tűnt, hogy egyáltalán éljek, a bántalmazás minden életterületemet kontrollálta.

Minden rossznak tűnt, magamat is beleértve.

Sosem éreztem, hogy be tudnék illeszkedni bárhova, az egyetlen dolog, ami pedig boldoggá tudott tenni, az az alkohol volt. Megittam és felszippantottam bármit, ami a kezem ügyébe került, csak hogy ne érezzek semmit. Ez tűnt a legjobb létezési formának: kábulat és zavartság.

Amikor egyetemre jártam, leszegett fejjel, görnyedt vállal sétáltam az iskola területén. Egy nap az egyik professzorom megkérdezte, jól vagyok-e. Azelőtt soha senki nem kérdezte még meg tőlem ezt. Soha. Azonnal könnybe lábadt a szemem.

Ő segített felismerni, hogy az, amiben eddig éltem, kezelhető, és reményt adott, hogy túlléphetek ezen, és még egy új életet is felépíthetek magamnak. És pontosan ezt is tettem.

Ma álmaim életét élem, ami mindent túlszárnyal, amit valaha elképzeltem: nemzetközileg utazom munkából és szórakozásból kifolyólag, tanfolyamokat facilitálok a Radikális elevenség a bántalmazáson túl és Az energiák befogadása a testünkkel témákban. Egy gyönyörű otthonon osztozom valakivel, akit imádok, illetve 10 hektárnyi szépséges föld, 20 ló, 3 kutya és még sok más vesz körül. Intim, tápláló és támogató kapcsolataim vannak a barátaimmal és a szeretteimmel, én pedig ragyogok, és mindig többet választok.

Nem számít, mi volt a traumám és a múlt tragédiája, gondosan hozom a döntéseimet, mindezen túl. Boldog vagyok – a legboldogabb, ami valaha voltam önmagammal. Végre „elfogadtam" önmagam, és állandóan újabb módjait tanulom ennek.

A BÁNTALMAZÁS NEM ISMER HATÁROKAT

A bántalmazás természetéből adódóan elég sok mindent magába foglal.

Ez megtörténik velünk *és megtörténik bennünk* – majd befészkeli magát a tapasztalataink piciny repedéseibe.

Megjelenik abban, ahogy gondolkozol, beszélsz, cselekszel – és nem cselekszel.

Megjelenik a pénzügyeidben, a pénzkeresési képességedben, és abban, hogy milyen munkát vállalsz.

Megjelenik minden kapcsolatodban – az utca túlvégén élő szomszédtól kezdve a barátaidon át addig a személyig, aki mellett elköteleződsz.

Vagy nem köteleződsz el.

Megjelenik az egészségedben, a tested kinézetében és működésében, az elfogyasztott ételeidben.

És még sorolhatnám...

Nem számít, szerinted hol helyezkedik el a tapasztalatod a bántalmazás skáláján. Ami fontos, hogy elismerd és kérdőre vond a tapasztalataidat. Talán épp olyan traumaként és horrorként élted meg a kisgyerekkori bántalmazást, mint én. Netalántán elváltak a szüleid, amikor kicsi voltál, és sose láttad többé apukádat (vagy anyukádat). Esetleg a szüleid mindig a pénzen veszekedtek, te pedig alig bírsz megélni valamiből.

Akármi legyen is a mélysége vagy hatóköre... itt mindent tárt karokkal fogadunk.

Egy befogadó univerzumban élünk.

KITÖRÉS ÉS ÚT A SZABADSÁGBA

Milyen lenne, ha a jelenlegi tapasztalatodon túl élnél? Milyen álmokat dédelgetsz a szívedben? A tudatosság mely suttogásait hallod?

Talán tudod, talán nem. Azok közül, akik eljönnek hozzám, nem mindenki kezdi azzal, hogy tudatos szinten tisztában van vele, mit akar. Megannyi évnyi tagadás, ítélkezés és bántalmazás magas árat követel az életben, olykor pedig már csak egy morzsányi életet tudsz felmutatni a túlélés határán egyensúlyozva.

Ez a könyv megmutatja neked, hogyan szabadulj ki valamiből, amit a „bántalmazás láthatatlan ketrecének" hívok.

Új ötleteket kaphatsz arról, mi lehetséges, és olyan eszmefuttatásokat olvashatsz, amik bárhol vagy bármikor is érjenek utol, nyugodtan elmerülhetsz bennük. Nem számít, van-e a múltadban bántalmazás vagy sem, mert ezek az alapelvek és tanácsok mindenkinek működnek.

Másrészről viszont mentőöv is lehet, ha bántalmazó a múltad.

Csak megjegyzem: Ha néhány elképzelést – vagy a nyelvezetet –, amit használok, újnak találsz, akkor jó hírem van. Nem, ez nem elírás, hanem egy különleges módja annak, hogy kifejezzek valamit, ami bizonyos, általam használt modalitásokban gyökerezik. Hiszen még ha engedéllyel rendelkező pszichoterapeuta vagyok is, sok más alternatív gyógyító terápiában is képzett és minősített vagyok, így a szóhasználatom néha ezekből ered. (Ha szeretnél többet megtudni, kérlek látogass el a weboldalamra: www.DrLisaCooney.com.)

Egy dolog biztos...

Ha gyakorlod azokat a dolgokat, amiket itt olvasol, leválhatsz mindenről, ami csak gyötör vagy megakadályoz téged abban, hogy azt válaszd, amit teremteni szeretnél.

Ez abba az irányba fog terelni téged, amit én *Radikális elevenségnek* hívok... és már alig várom, hogy megosszam ezt veled!

Kezdjünk is bele!

AJÁNLÁS

Ezt a könyvet neked ajánlom, olvasó, és ezúton is köszönöm, hogy egy új lehetőséget választasz magadnak. Köszönöm, hogy azt választod, megszabadulsz a múltadtól. Köszönöm, hogy tudod, bármi is legyen vagy volt a tragédiád, traumád vagy korlátod, te a nagyság erős és potens teremtője vagy, és mindig választhatsz a körülményeiden túl.

Ha egy kicsit is olyan vagy, mint én, egyszer vagy többször hajlamos vagy beleesni a depresszió, betegség, hiány és magány rendellenességébe. A könyvben szereplő eszközöket jelentős segítségnek találtam a saját felépülésem során, hogy visszaszerezzem a legteljesebb és legszabadabb önkifejezésemet. Megpróbáltam egyszerű és pragmatikus lenni, remélem te is hasznosnak találod majd.

Tudom, hogy a trauma és bántalmazás kapcsán a dolgok nem olyan egyszerűek, sőt, kifejezetten nyomasztóak tudnak lenni. Remélem, békére lelsz, vagy akár vigaszt nyersz, tudván, hogy amíg sosem adod fel, sosem adod be a derekad és sosem állsz le, ezek a szavak neked is működhetnek.

Remélem, hogy inspirálódsz, és a traumád Radikálisan elevenné alakul, a bántalmazáson túl.

Barátom, mindig:

Válaszd MAGADAT

Köteleződj el MAGADHOZ

Működj együtt az univerzummal, ami azon ügyködik, hogy megáldjon TÉGED és teremtsen neked, valamint ÁLTALAD.

Dr. Lisa Cooney

FEJEZET 1

ÚT A BÁNTALMAZÁS LÁTHATATLAN KETRECÉN TÚLRA

A továbblépés egyszerű dolog. Amit maga mögött hagy, az nehéz.

— *DAVE MUSTAINE*

„Tudnád részletezni nekem a gyerekkori bántalmazásodat?" Vágni lehetett a csöndet, miután a szerkesztőm feltette a kérdést. Akkoriban nézte át a *Fenéken billenteni a bántalmazást*[1] című könyvem első vázlatát, és szeretett volna több részletet a bántalmazásról a múltamból. Kértem egy percet, hogy feleleveníthessek mindent.

Nyolc teljes perc elteltével elkezdtem sorolni a részleteket.

Ez alatt a nyolc perc alatt figyelemmel követtem a testem, és elképedten fedeztem fel, hogy a két évtizednyi fizikai, szexuális, érzelmi, pénzügyi, spirituális és élettani bántalmazás, amin keresztülmentem, többé már nem „szállta meg" a testem – habár emlékeztem a behatások nehézségére.

---

1. Eredeti cím: Kick Abuse in the Caboose

Ahogy megosztottam vele a részleteket, olyan érzésem támadt, mintha egy kliensem vagy barátom történetét osztanám meg, nem a

sajátomat. Nem különültem el vagy váltam le, hanem megtestesítettem magam a bántalmazásom történetén túl.

Mosolyra késztetett a felismerés, milyen messzire jutottam az utamon, amit azért jártam, hogy túllépjek a bántalmazáson.

Az egyik dolog, ami roppant sokat segített, hogy önsegítő könyveket olvastam – ahogy te is épp most –, és szövegkiemelővel jelöltem ki mondatok tömkelegét, amíg a szavak elrugaszkodtak az oldalról és a részemmé váltak, betekintést nyújtva egy másfajta valóságba. A tudat, hogy mások értették, min mentem keresztül, reményt adott.

Végül rájöttem, hogy egyáltalán nem vagyok egyedül.

Más dolgokat is csináltam, például megpróbáltam kitúrázni, kimeditálni, kiúszni és kibiciklizni magamból a bántalmazást. Tanácsadásra jártam, és még mesterfokú diplomát és doktorátust is szereztem pszichológiából. Elszántam magam, hogy folyamatosan művelem magam klinikailag, energetikailag és pszichológiailag; eltökélten kerestem a módját, hogy túllépjek a bántalmazáson.

Ahogy tanfolyamot tanfolyam után facilitáltam, és megszabadítottam másokat a bántalmazástól, végezetül magamat is kiszabadítottam. De nem álltam meg, eltökéltem, hogy megsemmisítem és felszámolom a bántalmazás megannyi formáját ezen a bolygón, a Live Your ROAR (Éld meg az ÜVÖLTÉSED) mozgalom által.

TÚLLÉPNI A BÁNTALMAZÁSON: A GYÓGYULÁS ÚJ PARADIGMÁJA

Valószínűleg volt már részed bántalmazásban, legyen az akár szexuális, fizikai, spirituális, pénzügyi vagy érzelmi. Ez lehet egy egyszeri alkalom, vagy akár események kész sorozata.

Elképzelhető, hogy hatalmas mennyiségű időt és energiát fektettél már a bántalmazás tapasztalatának gyógyításába, ahogy az is lehet, hogy még mindig nem értél el olyan eredményeket, mint szeretnél. Ez érthető.

Sajnos rengeteg olyan eszközzel és gyakorlattal találkoztam, ami arról szólt, hogy meg kell javítanunk magunkat; és ami a bántalmazásunk történeteként határozott meg minket.

Nem hiszek abban, hogy meg kell javítanunk magunkat ahhoz, hogy szabadok legyünk. Amikor bevesszük ezt a mintát, azt feltételezzük, hogy valami baj van velünk, és megoldást kell keresnünk, hogy megszüntessük a problémát. Ez aztán egy feneketlen gödörré válik, aminek sose érünk az aljára, mert sosem fogjuk kijavítva vagy egésznek érezni magunkat, csak körbe-körbe rohangálunk, azon tűnődünk, vége lesz-e ennek valaha, és várjuk a napot, amikor végre meggyógyulunk. A bántalmazás gyógyítása rétegenként történik, olykor egyszerre több rétegben, a fókuszban azzal, hogy mi benned a jó, egyfajta alappillléreként önmagad megerősítésének, a bántalmazáson túl.

Ez a fejezet, mely részben kivonat a következő, *Fenéken billenteni a bántalmazást* című könyvemből, új utakat tár fel a bántalmazáson túli gyógyulásról.

Idővel felfedezed majd, hogy semmit nem kell megjavítanod, ahogy a bántalmazásod sem kell, hogy meghatározzon téged. Azt is felfedezed majd, hogyan hozd meg a választást, hogy véget vess a behatásoknak, és többé ne engedd meg annak az egy alkalomnak vagy eseménysorozatnak, hogy uralja az egész életedet.

A BÁNTALMAZÁS LÁTHATATLAN KETRECE

Az életem nagy részét egy láthatatlan ketrecben éltem le.

Azért mondom, hogy láthatatlan, mert, bár néma fogolyként éltem benne, fogalmam sem volt a létezéséről. Évtizedekbe tellett, mire meg tudtam nevezni, nem is beszélve arról, mire üzenetté tudtam formálni, amit megoszthatok a világgal. Ennek ellenére, akárhányszor mesélek a láthatatlan ketrecről valakinek, akit bántalmaztak, felismerés, gyakran megkönnyebbülés ül ki az illető arcára. Elképzelhető, hogy neked is hasonló élményed van, ahogy ezeket a szavakat olvasod.

A ketrec velejárója egy leheletnyi ítélet arról, hogy rossz vagy, amit te készpénznek veszel. Más szavakkal, rossznak vagy hibásnak tartod magad a bántalmazás miatt. A „rosszaság" aztán szűrővé válik, amin keresztül a valóságot érzékeled és tapasztalod. Így tehát *ebből* a behatásból teremted az életedet, és bebörtönzöd vele magad.

A ketreced olyan, mint egy szellem, ami folyamatosan suttog a füledbe. Suttog, amikor kihívással nézel szembe, de még akkor sem áll le, amikor szép az élet. Éppen olyankor válik még hangosabbá, mivel kétségbeesetten próbál a bántalmazás ketrecében tartani. A ketrec korlátai között élni legalább ismerős, a határai egyfajta furcsa kényelmet adnak, akár- mennyire is szeretnél azokon túl élni.

A ketrec hiányon, korlátozáson és hazugságon alapszik.

A ketrec távol tart a szabadságtól, élvezettől és lehetőségtől.

Ketrecben élni olyan, mint hang nélkül élni. Talán még tudsz is beszélni és funkcionálni a világban, ám marad egy elszigetelődött részed, elnémítva és leválasztva a valóságról – egy részed, ami elnyomva és eltompítva él benned.

A ketrecben élés fájdalma olykor annyira elhatalmasodhat, hogy úgy döntesz, egyáltalán nem tartózkodsz ott. Eltompulsz vagy kicsekkolsz, hogy elkerüld a fájdalmat. Talán a nap folyamán rendszeresen kicsekkolsz a testedből, vagy esetleg az étel, alkohol, drog és gyógyszer segítségével még messzebbre csekkolsz ki.

A valódi önmagad kopár porhüvelyévé válsz.

Azon tűnődsz, miért „szabotálod önmagad", mikor valójában csak a ketrec eredeti rendeltetése szerint működsz: harcolsz az élettel, és „nemet" mondasz egy összezsugorodott térből, ahelyett, hogy magadhoz ölelnéd az életet, és egy kiterjeszkedett térből mondanál „igent". A ketrecen belül folyton csak a múltbeli bántalmazás mintái alapján reagálsz az életre, ami fenntartja a behatást.

Azt is megfigyelhetted, hogy amikor a bántalmazás ketrecéből éled az életed, az az életed minden területén visszaköszön. Amikor a bántalmazás lencséjén keresztül nézed a világot, az még többet vonz be belőle, ami még több önhibáztatáshoz vezet, ilyenkor pedig az olyan mondások, hogy „Te teremted a saját valóságodat", nem segítenek. Amikor pedig a bántalmazás mintája folyamatos behatással van, és nem tudod, hogyan állítsd meg, az csak erősíti az érzést, hogy valami baj van veled.

Gyakran az történik a ketrecen belül, hogy mivel a bántalmazás bemocskolja a valóságunkat, az érzékelésünk egy enyhébb őrületté torzul. Ami igaznak tűnik, az lehet, hogy hamis, és fordítva. Olyan emberekben bízunk, akikben nem lenne szabad, és nem bízunk meg azokban az emberekben, akikben lehetne. Érkezhetnek olyan emberek az életünkbe, akik megtestesítenek mindent, amit mi szeretnénk generálni és felmutatni az életben, de ellökjük őket magunktól, mert ha kapcsolatba lépnénk velük, az azt jelentené, hogy a ketrecen kívül kellene élnünk, és az bizony kényelmetlen lenne.

Ha járkáltál már fel-alá a bántalmazás láthatatlan ketrecében, valószínűleg feltételezted, hogy ez az egyetlen választásod. Igazság szerint a legtöbb embernek, akivel dolgoztam, a választás gondolata elsőre zavarba ejtőnek tűnt. Elhitették velünk a mítoszt, miszerint az életünk örökké szenvedéssel teli lesz, hiszen bántalmazásban volt részünk; az életed pedig eddig a pontig valószínűleg kellő mennyiségű bizonyítékot tud felmutatni ennek igazolására.

Mindezek ellenére a bántalmazás ketrecében néma fogolyként élni nem az egyetlen választásod.

BARÁTKOZZ MEG A BÁNTALMAZÁS KETRECÉVEL

Miközben több tízezer embert támogattam a világ körül abban, hogy túllépjenek a bántalmazáson, arra a felfedezésre jutottam, hogy nem feltétlenül elég egy gyors igazítás, hogy kijussunk a ketrecből.

Először is, meg kell növelnünk az éberségünket, és elismerni a ketrec létezését.

Lehet, hogy ebben a pillanatban ébredsz tudatára, hogy a ketrec létezik. Az emberek gyakran felkiáltanak, hogy „Ó, szóval ez az", amikor beszélek nekik a ketrecről, és szavakba öntök valamit, ami általában megnevezetlenül marad.

Mintha egy elefánt egész idáig körbeszarta volna a szobát, és mindenki némán kerülgette volna. Többé azonban nem hagyjuk figyelmen kívül. Bűzlik, és most már foglalkozunk vele.

Miután elismerted a ketrecet, szép lassan elfogadod, hogy benne élsz. Egy igen komoly értelemben véve a ketrec volt a legnagyobb szövetségesed a gyógyulásban: *megvédett, amikor védelemre volt szükséged.*

Az a szép az egészben, hogy amikor átöleled a ketrecet, miközben valami mást választasz a bezárkózás helyett, akkor ellágyulsz. Megnyílsz a lehetőségnek, hogy egységben legyél a fájdalmaddal. Végül ez az egyetlen módja, hogy megolvaszd a ketrec korlátai, és beleállj a tőle teljesen függetlenül létező, valódi szabadságba, örömbe és lehetőségbe.

Valójában semmit nem kell „visszaszerezned" ahhoz, hogy kilépj a ketrecből. Ez az, ahol az én megközelítésem radikálisan elválik attól, amit korábban megtapasztalhattál mindenféle terápiákban. Helyette megtanulod, hogyan hozz más döntéseket, amik nem a bántalmazást tartják fent. Felfedezed, hogyan kapcsolódj magadhoz, túl az őrületen, ami létrehozta a ketrecet, valamint választod, hogy anélkül élj, hogy az egész életedre ráhúzd, ami történt veled (akár egyszeri alkalomról vagy események sorozatáról van szó).

Elképzelhető, hogy az egész valóságod elkezd kicserélődni, amint észreveszed, hogyan jelenik meg a láthatatlan ketrec az életedben.

ÚT A BÁNTALMAZÁS KETRECÉN TÚLRA

A könyörtelen vicc a bántalmazásban az, hogy bár már régen véget ért, te még továbbra is úgy bánsz magaddal, ahogy a bántalmazó bánt veled.

Miért csinálod ezt?

A bántalmazás láthatatlan ketrece annak a hitnek a foglyaként tart láncon, hogy valamilyen formában hibás vagy rossz vagy; hogy nem érdemled meg, hogy önmagadért élj, helyette azt kell csináld, amit mások szerint csinálnod kéne (épp úgy, mint a bántalmazásod során:

azt tetted, amit mondtak neked, míg a te igényeid nem nyomtak a latba).

Amikor megbarátkozol a bántalmazás ketrecével, nem háborúzol többé magaddal. Ez az a hely, ahonnan elkezded önmagadat választani, és elköteleződni az életed iránt.

Hogy néz ez ki?

Elköteleződni az életed mellett azt jelenti, hogy kiállsz azért, amit választasz, bármi is történjék. Sosem adod be a derekad és sosem adod fel (mondja az ír harcos énem), ám ez nem a *sürgetésről, erőlködésről, kizárásról vagy küzdésről* szól.

Többé nem szükséges bizonyítanod vagy harcolnod azért, hogy birtokold a saját életedet. Egyszerűen csak választhatod. Az effajta elköteleződés az élethez nem nehéz – valójában ez az a könnyedség, finomság, öröm és móka, ami megvalósulhat, ha magadért választasz. Ám ehhez igazából szükségeltetik a kedvesség is magad felé, amit talán sosem tapasztaltál ezelőtt.

Van azonban egy ennél nagyobb akadály is, amibe belefuthatsz, ha elköteleződsz az életed iránt...

Emberek ezreit vezettem át a szexuális bántalmazáson, és az egyik legnagyobb kihívás, amivel láttam őket küszködni, az a bántalmazásuk történetének elengedése volt. Ez az ő történetük, amiben a szerepük áldozatként megakadályozza, hogy elköteleződjenek maguk iránt, mintha jobban elköteleződnének a bántalmazás történetéhez, mint az élet lehetőségéhez, túl azon. Én is megjártam ezt, így jól ismerem, ám ez tényleg csak egy „szakasz" az utadon a bántalmazás ketrecétől a radikális elevenségig.

Amikor ragaszkodsz a bántalmazás történetéhez, azzal bezárod magad az „áldozat" szerepébe. Úgy tűnhet, hogy az „élet megtörténik" veled; hogy a körülményeid áldozata vagy; hogy akármi történjék is, te akkor is megszívod, szóval minek érdekeljen?

Így aztán a bántalmazás nagyszerű kifogássá növi ki magát, hogy miért ne köteleződj el a saját életed iránt.

Van azonban egy másik lehetőség is, amit szeretnék megmutatni neked.

Amikor megválsz a bántalmazás történetétől, segítséggel megszabadulsz az összes bántalmazásból fakadó belső gyötrelemtől, és kilépsz a bántalmazás ketrecéből, valamint önmagad rosszaságából, valami újnak a tere nyílik meg előtted:

Felfedezed a „fenomenálisságodat".

Radikálisan elevenné válsz – a létezés egy olyan terévé, ahol a bántalmazás többé nem irányítja az életedet, és te generálod és teremted magadnak az életet túl mindenen, amiről valaha is álmodni mertél.

A következő fejezetben többet tudsz majd meg a bántalmazás ketrecéről és annak a természetes teremtőképességedre való hatásáról.

FEJEZET 2
A KREATIVITÁS A LEHETŐSÉG TEREKÉNT

Dúskálok a lehetőségben.

— *EMILY DICKINSON*

A bántalmazás a kreativitás egyik legnagyobb akadálya. Az igazat megvallva nem is maga a bántalmazás az, hiszen a legtöbbször, mire a klienseim eljutnak hozzám, a bántalmazás már véget ért. Ez lehetett egy különálló incidens a múltjukban, vagy akár évtizedek alatt felgyűlt bántalmazásélmények összessége.

Így vagy úgy, az emberek ezt az érzést „beragadtságként" írják le, mintha beragadtak volna egy láthatatlan ketrecbe, egy pusztító erőbe, ami megakadályozza őket, hogy teljes mértékben teremtsék az életüket.

Valójában tehát a *bántalmazás ketrece* a kreativitás legnagyobb akadálya. A bántalmazás ketrece állandósítja a pusztítást, visszavonulást, elkülönülést és elszigeteltséget, és amíg bele vagy zárva, ez nem más, mint önmagad egy folyamatos lealacsonyításának és elerőtlenítésének az állapota.

A BÁNTALMAZÁS LÁTHATATLAN KETRECE

Ha valaha megtapasztaltad a bántalmazást, könnyű beleragadni az elmúlt bántalmazás mintáinak ismételgetésébe, ami korlátozásként jelenik meg az egészségedben, párkapcsolatodban és pénzáramlásodban.

Alapvetően blokkolódik a generatív és teremtő képességed arra, hogy azt tedd a világban, amit szeretsz. Mint amikor a tű megakad a „Nem tudok" és „Nem tudom, mit tegyek", valamint a „Valami baj van velem" zeneszámoknál.

Hogyan is lángolhatna a kreativitás tüze, mikor csak fojtogató elnyomás veszi körül? És hogyan tapinthatnál rá a kreativitás erejére,

amikor be vagy zárva egy láthatatlan ketrecbe?

A PUSZTÍTÁS GYŐZEDELMESKEDIK A TEREMTÉS FELETT

Az életed teremtése helyett valójában *tudattalanul választod* a pusztítás energiáját. Szövevényes, de átható módokon pusztítasz el mindent, amit létre szeretnél hozni. Ez megnyilvánulhat párkapcsolatok elpusztításában vagy lezárásában, önmagad csődbe juttatásában vagy adósságba keverésében, és/vagy a tested pusztításában – miközben sosem veszed észre, hogy valami más is lehetséges. Olyan, mintha árral szemben eveznél, és állandóan szemben találnád magad valamilyen küzdelemmel, akadállyal vagy katasztrófával.

Miért van ez?

Mert a diszharmónia és a konfliktus ismerős.

Míg a harmónia és a béke idegen.

A láthatatlan ketrec abban a hazugságban gyökeredzik, hogy valami baj van veled. Azon a sztorin alapul, hogy korlátozott vagy, és hiányzik belőled valami. Ezek az ítéleteid magadról (és potenciálisan másokról is) arra összpontosulnak, hogy elpusztítsanak téged, és megtartsanak kicsinek. Nem arra vannak kitalálva, hogy egy radikálisan eleven életet hozzanak létre.

Őrülten hangzik, tudom. Miért választaná bárki, hogy elpusztítja az életét, ahelyett, hogy teremtené azt?

Annyit kell azonban csak tenned, hogy ránézz közelről, és hajlandó legyél teljesen őszinte lenni. Tedd fel magadnak a kérdést:

- *Teremtettem vagy pusztítottam eddig az életemet?*
- *Teremtettem vagy pusztítottam eddig a kapcsolatomat?*
- *Teremtettem vagy pusztítottam eddig a kapcsolatomat önmagammal?*
- *Teremtettem vagy pusztítottam eddig a kapcsolatomat a pénzzel?*
- *Teremtettem vagy pusztítottam eddig a kapcsolatomat a testemmel?*

LÉGY ŐSZINTE MAGADDAL

Ahogy említettem a „Bevezetésben", az életem első két évtizede hemzsegett a bántalmazástól: fizikai, szexuális, érzelmi, mentális és pénzügyi síkon. Sok helyről érkezett: családtagok, a család barátai, az Egyház, a modellügynökség, és gyógyítók felől.

Újra és újra megkaptam gyerekkoromban, hogy gonosz vagyok, és én elhittem ezt a hazugságot, majd ez azzá a ketreccé vált, amiben aztán éltem.

A gyógyulási folyamat alatt eltökéltem, hogy a saját bántalmazásélményemet katalizátorként fogom használni a Túl a bántalmazáson forradalomhoz, és később a Live Your ROAR (Éld meg az ÜVÖLTÉSED) mozgalomhoz is. Ehhez azonban először őszintévé kellett válnom önmagammal, és meglátni, hogyan pusztítottam valójában ahelyett, hogy teremtettem volna az életemet, a kapcsolataimat, a karrieremet, a pénzügyeimet, a testemet, az egészségemet és az egész lényemet.

Sosem akartam senkit közel engedni magamhoz például, mert féltem, hogy ők is meglátják bennem a gonoszságot, és sikítva elrohannak. Hogyan is teremthetnék a pusztításon kívül bármit, ha gonosz vagyok, és soha senki nem fog szeretni?

A felnőtté válás során a barátságtalanság nyelvét tanultam meg, így felnőttként is ezt használtam a párkapcsolatban. Konfliktust teremtettem az egység helyett, aminek válás és kétségbeesés lett a vége.

A húszas éveimben felülbíráltam a testem szükségleteit, és pusztító mintákba kezdtem: drog, szex, zabálás. Volt pénzem, mégis bűntudatom volt attól, hogy nekem van, másoknak pedig nincs, így mindenkit meghívtam, hogy megpróbáljam megvenni a szeretetüket.

Mindezek a viselkedési minták bezárva tartottak a bántalmazás láthatatlan ketrecébe, ismételve ugyanazokat a bántalmazó mintákat, amiket már jól ismertem gyerekkoromból. Csak azt tudtam, hogyan pusztítsam el magamat, és minden mást az életemben.

A HÍD A KETRECEN TÚL

A fordulópont akkor jött, amikor az a tanár az egyetemen megkérdezte, jól vagyok-e, és ez a beszélgetés vele egy híddá alakult az életem egy új fejezetéhez. Segített meglátni, hogy másképp is lehet élni, túl a bántalmazás mintáinak ismételgetésén.

Elköteleztem magam, hogy találok kiutat a ketrecből, ami pusztulásban tartott ahelyett, hogy valóban élném az életemet. A pszichológia doktora lettem, és tucatnyi gyógyító modalitást tanulmányoztam. Terapeutákkal és gyógyítókkal dolgoztam, ezzel egyidőben a saját gyógyulásom útját jártam, miközben pedig klienseket segítettem, terelgettem őket a saját gyógyulásuk útján, a bántalmazás láthatatlan ketrecén túlra.

Ma, két évtizeddel később, több ezer klienssel dolgoztam a világ körül, és mély alázattal és hálával gondolok a korai évekre, amik annyi bántalmazással átszőve katalizátorává váltak a bántalmazás fenékbe billentésének.

Izgatottan osztom meg az általam felfedezett kulcsokat, amik a bántalmazás ketrecét nyitják, mivel a ketrecen és a hídon túl egy olyan élet található, ami a lehetőségek és a kreativitás energiájában gyökeredzik.

Ez az életforma az, amit én *Radikális elevenségnek* hívok.

ÜDVÖZÖLLEK A RADIKÁLIS ELEVENSÉGBEN

Képzeld el a következőt...

Szökkenve kelsz fel, örülsz, hogy élsz, és készen állsz felfedezni, mi más lehetséges ma. Az elejétől a végéig tele a napod a vágyaidra alapozott választásokkal, és ettől, ezektől a vágyaktól minden lehetséges, te pedig egy generatív és teremtő mágnes vagy.

Az emberek imádnak a közeledben lenni. Mindennek megváltoztatod az energiáját magad körül, csupán azáltal, hogy önmagad vagy.

A kapcsolataid egységen és harmónián alapulnak. Fergetegesek, könnyedséggel és örömmel telik, kölcsönösek. A tested egészséges és vibrálóan eleven. Fel vagy villanyozva. Különleges ragyogás vesz körül.

Az üzleted virágzik, a munkatársaid veled nevetnek, és csatlakoznak hozzád, bármit is teremtesz. Minden egyes nap egy új lehetőség a pénz, támogatás és lehetőségek befogadására.

Az élet egy vidám kaland. Kacagás és könnyedség járja át a tested. Elképesztő, hogy milyen szövetségben érzed magad saját magaddal.

Az emberek azt kérdezgetik, mit változtattál, te pedig csak annyit felelsz: „Magamat és a boldogságot választottam, és megteremtettem mindazt, amiről tudtam, hogy lehetséges."

Inspiráló, nemde?

Ez az az élet, ami csak rád vár, hogy válaszd.

Hadd mutassam meg neked a kulcsokat, amikkel kiszabadíthatod magad a bántalmazás ketrecéből, hogy te is átsétálhass a hídon, és megtapasztald a Radikális elevenséget.

A 4 C: VÁLASZTÁS (CHOOSE), ELKÖTELEZŐDÉS: (COMMIT), EGYÜTTMŰKÖDÉS (COLLABORATE) ÉS TEREMTÉS (CREATE)

ezen 4 C mindegyike egy kulcs, ami ki fog szabadítani téged a hazugságból és a korlátokból, amiket valamikor bevettél, valamint a pusztító körforgásból, ami állandósította a korábbi bántalmazásodat.

1. Válaszd magadat

Mit jelent „magadat választani"?

Nos, tudod milyen az, amikor párkapcsolatban vagy valakivel, és mindent azért teszel, hogy őt támogasd, és ne magadat? Ez egy példája annak, amikor **nem** magadat választod. Amikor másokért cselekszel a magad rovására, azzal fontosabbá teszed őket magadnál. Ez történik a bántalmazásban: a vágyaid és szükségleteid jelentéktelenné válnak.

Amikor önmagadat választod, a szükségleteid és vágyaid fontossá válnak. Te válsz elsődlegessé. Elkezded teremteni az életedet.

Amikor önmagadat választod, akkor is lehetsz nagylelkű, és ott lehetsz másoknak, de **nem** a magad rovására. Bevonod magad minden választásodba és kapcsolatodba.

Mit teremthetsz vajon azzal, ha önmagadat választod?

2. Köteleződj el magad mellett

Amikor elköteleződsz magad mellett, azzal vállalod, hogy sosem hátrálsz meg, sosem adod fel, és soha nem hagyod senkinek és semminek, hogy megállítson. Ezzel kötelezed magad arra, hogy magadat válaszd minden nap minden pillanatában.

Más szavakkal: nem szállsz ki.

Soha.

A kitartás, hogy legyűrjem életem első két évtizedét és mindazt a bántalmazást, amiben részem volt, az az önmagam mellett való elköteleződésből származott. Egyszer csak rájöttem, hogy a bántalmazás ketrecében élek, és hogy van, amit választhatok a ketrecen túl is, és ekkor megfogadtam, hogy sosem hátrálok meg, amíg ki nem kerültem a ketrecből, és a híd túloldalára nem értem.

Azt is megfogadtam, hogy annyi embert bátorítok, amennyit csak tudok, hogy kiszabadítsák magukat a bántalmazás ketrecéből azáltal, hogy ők is önmagukat választják és elköteleződnek a saját életük mellett.

Amikor elköteleződsz magad mellett, azzal vállalod, hogy *teljes egészében önmagad vagy minden kapcsolatodban*. Nem különülsz el magadtól, hogy megpróbálj mások kedvében járni vagy alkalmazkodni hozzájuk. Az ellentmondás ebben az, hogy ahogy elköteleződsz magad mellett, úgy képessé válsz elköteleződni mások mellett is harmonikus, kölcsönösen kielégítő módokon.

Mit teremthetsz vajon azzal, ha elköteleződsz magad mellett?

3. Működj együtt az univerzummal

Ahogy korábban is említettem, mikor a bántalmazás ketrecében vagy, úgy tűnhet, mintha árral szemben eveznél, és állandóan szemben találnád magad valamilyen küzdelemmel, akadállyal vagy katasztrófával. Olyan érzés, mintha az egész világ ellened lenne.

Én is sokáig ezt hittem. Azt gondoltam, mindenki ellenem van, és mindent egyedül kell csinálnom.

Ez *hazugság*.

Az igazság ugyanis az, hogy az univerzum valójában azon ügyködik, hogy megáldjon, és a legnagyobb örömödért és sikeredért drukkol. Mindössze annyit kell tenned, hogy együttműködsz vele azáltal, hogy megnyitod magad mindazon emberek támogatásának és hozzájárulásának befogadására, akik *vágynak* rá, hogy adjanak neked.

Ez olyan egyszerű, mint kérni.

Amikor hajlandó vagy kérni – és befogadni –, felfedezed, mennyivel több áll a rendelkezésedre ahhoz, hogy teremtsd az életedet.

Mit teremthetsz vajon azzal, ha együttműködsz az univerzummal?

4. Teremtsd az életedet

A következő kérdések feltevésével egy újfajta beszélgetést kezdeményezhetsz az univerzummal:

- *Mi szórakoztató számodra?*
- *Mi hoz lázba?*
- *Miben lenne más az életed, ha magadnak teremtenéd azt?*
- *Mit választanál magadnak, ha nem azzal lennél elfoglalva, hogy másokat tedd a legnagyobb prioritásoddá?*

Ha folyamatosan rátapintasz arra, amire vágysz, és megengeded, hogy az legyen a legnagyobb prioritásod, akkor egy inspiráló és

kiterjedő életet hozol létre magadnak.

Az életed teremtője leszel, nem pedig az elpusztítója.

És valóban, hogy lehetne még ennél is jobb?

A KREATIVITÁS ENERGIÁJA

A 4 C kiránt a ketrecből, és átjuttat a hídon, bele a radikális elevenségbe, lépésről lépésre, egyszerre csak egy választással, hogy az életed elpusztítása helyett most teremtsd azt.

Először is kezdd azzal, hogy megkérdőjelezed a ketrecet – hogy lásd, hogy számodra nem igaz hazugságokból és korlátozásokból áll. Hajlandónak kell lenned elengedni a régi „nem tudok" és „nem tudom, mit tegyek," valamint a „valami baj van velem" mintázatokat.

Ahogy megkérdőjelezed a ketrecet és felteszed a kérdést, hogy mi más lehetséges, elkezdesz kisétálni a ketrecből, át a hídon, egy másik lehetőségbe. A vágyad valamire a bántalmazás ketrecén túl az üzemanyag, ami előre visz.

Mi kéri, hogy megteremtődjön most? Válaszd! Légy a lehetőség tere.

A következő fejezetben tanulsz arról az egyedi energiáról, ami elérhető a számodra, hogy létrehozd az életet, amit választasz.

FEJEZET 3

AZ ÉLETED TEREMTÉSE
„KÖZÖS ZUHANÁS"

„...És azt mondanám, a világ tele van csodálatos dolgokkal, amit
még nem láttál. Sose add fel az esélyét, hogy meglásd őket." ~ J. K.
Rowling

— (*TWITTER BEJEGYZÉS*)

Praktizáló gyógyítóként a tudatosság birodalmában mozgolódom, hogy segítsek az embereknek átalakítani az életüket, hogy radikálisan elevenen élhessenek. Mivel rengeteg kliensem érkezik valamilyen bántalmazással a múltjában, ez az átalakulás igazán látványos és drámai tud lenni.

Ha van „titka" annak, hogy sikeresen megugrották ezt, azt mondanám, hogy ez abban rejlik, hogy felfedezték és birtokba vették a saját képességüket, hogy határozottan beleálljanak a *Rendelkezem ezzel! Bármibe is kerüljön* energiájába.

Amikor választod ezt a teret, egyszerre érzékelsz majd egy tapintható kiterjedést és sűrűsödést, mintha egy energialabda kelne életre egy hatalmas flippergépben, ami keresztülszáguld a térben, visszapattan mindenről, ami nem működik, míg végül oda nem érkezel, ahova szándékoztál, és választottad.

Ez a *Rendelkezem ezzel!* energia megszüli az ötletet, miszerint nem számít, hogy honnan jössz, mi a történeted, bántalmazásod, traumád, avagy milyen rettentő tragédia érte a családodat, milyen párkapcsolatok nem működtek, mennyi pénzed nincsen vagy veszett el, vagy milyen konfliktusba keveredtél; nem fogsz megállni, amíg meg nem szerzed, amire vágysz.

Tehát még ha metaforikusan benne is pattogsz egyik oldalról a másikra a flippergépben, két egységnyit előre és egyet hátra, akkor is „beleágyúgolyózod" magad az életbe, azzal az éberséggel, hogy – nem számít, mi az, amin úgy tűnik, hogy nem tudsz továbblépni – ez nem működik már neked, és nem állsz meg, amíg ez meg nem változik.

Rendelkezem ezzel! Bármibe is kerüljön.

Elsőre ez kissé nehéznek tűnhet. Erről eszembe jut a „Dolgozz keményen, játssz keményen" közmondás, és bár ez nem ugyanaz – hiszen a *Rendelkezem ezzel!* energiája valójában könnyed –, mégis megtalálható benne a tudatosságnak ez az állhatatossága, hogy folyton előre törekszel, nem törődve az érzékelt akadályokkal, amelyek látszólag elutasítanak téged, vagy megpróbálnak megállítani. Gyakorlatilag azt mondod: „Oké, ez nem működött. A választás éberséget teremt.

Rendelkezem ezzel! Bármibe is kerüljön. Mi hát a következő lépés?" Majd tedd meg.

MILYEN MESSZE MENNÉL EL?

Az egyik kliensem például meghallotta, ahogy a tudatosság azt suttogta neki, hogy vállaljon gyereket, miközben a 10 éves házassága éppen darabjaira esett. Mindig is akart gyereket, de különféle okokból ez nem sikerült. Ám még ennek ellenére is rágódott rajta.

Ez alatt az időszak alatt mélyrehatóan dolgoztunk azon, hogy válassza, hogy hallgasson a suttogásra, és ahogy ezt tette, minden rohamosan elkezdett megváltozni. Eltökélte, hogy egyedül fog gyereket vállalni, bármi történjék is, és elkezdte meghozni a komoly döntéseket, amik ahhoz kellettek, hogy létrehozza az életet, amire vágyott, ebbe pedig beletartozott az is, hogy elváljon, és egyedül vállaljon gyereket.

Eleinte akadály után akadályba ütközött. A termékenységi orvosok nem akartak belekeveredni a történetbe, hiszen a válás bezavart a képbe. Majd amikor teherbe esett, szembe kellett néznie a diszkriminációval a munkahelyén egyedülálló anyaként, hiába dolgozott magas rangú alkalmazottként egy tekintélyes pozícióban.

Azonban minél inkább szétesett az élete, annál inkább elköteleződött a folyamat mellett, és dolgozott azon, hogy megtisztítsa a tudatosságát.

Lényegében azt mondta: „Megszülöm ezt a gyereket. Érzem ennek a léleknek az energiáját magam körül, és ezt nem fogom feladni. Választom, hogy megteremtem ezt. Mit kell tennem ezért, és mi működik majd nekem?" Mindeközben pedig hallgatta, ahogy a tudatosság suttog a baba lelkéről, és utat talált, hogy a gyakorlatban is sikeresen teherbe essen. Választotta, hogy használja az energiagyógyítás eszközeit, és a *Rendelkezem ezzel!* energiáját, miszerint: „Magamat választom, bármibe is kerüljön."

KÖVETELÉS ÉS IGÉNY

Nem számít, mi nem működik, valahogy, valamiképpen mindig lesz egy lehetőség, még ha az annyira picike is, mint egy tűszúrás, amin keresztül kell préselned magad. Ez azonban nem kívánja meg, hogy megfeszülj, behajtsd, megcsonkítsd vagy kifacsard magad saját magadból, hogy ezt elérd.

Ehelyett „kipréseled" magad a kötelezettségek, fogadalmak, eskük, szerződések, genetika, származás, hitrendszerek és fizikai valóságok fogságából, ami azt mondja: „Nem lehet meg mindened. Nem mondhatod, amit valójában szeretnél. Nem teremtheted az életedet úgy, ahogyan valójában szeretnéd."

Amikor átlépsz a határon, bele ebbe az energiába, az megfélemlíthet néhány embert a környezetedben. Összekeverhetik azt, hogy megkövetelsz magadtól, azzal, hogy „követelőző vagy", főleg, ha bántalmazó vagy „követelőző" szülőkkel vagy másokkal nőttek fel, és nem értik a különbséget. A megkövetelés egy erőteljes kiállása annak, hogy „Rendelkezem ezzel!", míg a másiknak lehet egy bántalmazó éle. Nem is különbözhetnének ennél alapvetőbben.

Sajnos a gyakorlatban a legtöbb ember valójában nem hiszi el, hogy irányíthatják és megkövetelhetik az életüket, hogy teremthetik azzal a könnyedséggel, amivel valóban lehetne, így hát „kivárásra játszva" élik az életüket. Megvárják, amíg valaki más hajlandó megváltozni, várnak mások teremtéseire és sikereire, hogy beleugorjanak, és azáltal váljanak valamivé.

Amikor meglovagolják másvalaki farvizét, sokkal inkább egy élősködő energiaszivattyúvá válnak, mintsem egy generatív, teremtő energiává maguknak, az üzletüknek, és a kapcsolataiknak. Ez a *Rendelkezem ezzel!* ellentétje, sokkal inkább az, hogy: „Ők rendelkeznek ezzel, megnézem, mit tudok kivenni belőle!"

Olyan, mintha azt mondanák: „Ó, valaki másnak van valamije, és még csinál is valamit? Hadd csatlakozzam hozzá, a legminimálisabb erőkifejtéssel, a legkevésbé láttatva magam, miközben követelem, hogy kompenzáljanak," – mintha ők vinnék az üzletet – „és hadd legyek részese valami nagyobbnak, mint én, de sose követeljek magamért magamtól vagy másoktól."

Természetesen ez nem tesz semmit azért, hogy előre vigye és átalakítsa az életüket, és nem is lesz a változás ügynöke, mások és a Föld közreműködésével.

Ez az önelégültség, amiben az emberek élnek, a közöny állapotába taszítja őket, állandó határozatlanságban várva, hogy „ami van", az megváltozzon. Természetesen vágynak valami többre, és állandóan beszélnek róla, de sosem állnak neki generálni vagy megteremteni azt. A gondolataik önmagukba kanyarodnak vissza, mint egy tigris, aki a farkát kergeti:

„Miért történik ez folyton velem? Minden csak egy küzdés, semmi nem működik nekem, mindegy, milyen keményen próbálkozom. Miért olyan nehéz minden? Hogy van az, hogy mindenki másnak működik, csak nekem nem?"

Az életük egy nagyon pici térre korlátozódik, amit korábban egy önként vállalt ketrecként írtam le energetikai „rácsokkal", ami bebörtönözve tartja őket.

SZABADÍTSD KI MAGAD

A bántalmazás ketrece négy „pilléren" alapul, amit én „4 D-nek" hívok. Később, a Hatodik fejezetben részletesebben is elmerülünk bennük, egyelőre azonban hasznos megismernünk őket:

- Tagadás (Denying)
- Védekezés (Defending)
- Leválás (Disconnecting)

- Elkülönülés (Dissociating)

A munkám során segítek az embereknek felismerni a láthatatlan ketrecet, hogy ne csak, hogy ki tudják azt nyitni és kisétáljanak a szabadságba, hanem át is menjenek a „hídon", bele a Radikális elevenségbe, a *Rendelkezem ezzel! Bármibe is kerüljön* energiájába.

Ha felidézed az előző fejezetből, a Radikális elevenségnek is 4 alkotórésze van – a „4 C":

- Válassz magadért (Choosing for you)
- Köteleződj el magad mellett (Committing to you)
- Működj együtt az univerzummal és tudd, hogy azon ügyködik, hogy megáldjon téged (Collaborating and knowing that the universe is conspiring to bless you)
- Teremtsd az életet, amire vágysz (Creating the life you desire)

Amikor vársz, nem választasz, csak nyitva hagyod a hátsó ajtót, hogy semmi ne teremtődjön meg a flippergép traumáján és drámáján kívül. Ez a pusztítás és erőtlenítés az, ami a bántalmazás láthatatlan ketrecében tart bezárva.

MINDEN A NAGY ENERGIÁRÓL SZÓL

A *Rendelkezem ezzel!* a nagy energiáról, avagy a gondviselésről szól.

A gondviselés a paranoia ellenszere című könyvének átdolgozott, bővített kiadásában: *Hogyan ügyködik az egész világ, hogy elárasszon áldásokkal*[1], Rob Brezsny úgy jellemzi, hogy: „a para-

---

1. Eredeti címe: Pronoia Is the Antidote for Paranoia, Revised and Expanded: How the

noia ellenszere [a pronoia=gondviselés] a megértés, miszerint az univerzum alapvetően barátságos. Ez az érzékek és az értelem képzésének egy módja, hogy felismerhesd, hogy az élet mindig pontosan azt adja, amire vágysz, pontosan akkor, amikor megköveteled."

Választhatod, hogy egy olyan intenzitássá válsz, amit semmi nem állíthat meg, bármi is történjék. Igen, elképzelhető, hogy pörögsz majd egy darabig, vagy ide-oda pattogsz a flippergépben, amíg flippervarázsló nem válik belőled – összpontosító, közvetlen, megkövetelő és ízletesen választod, amire vágysz. Mindemellett elég gyakran előfordul, hogy eleinte minden elkezd darabjaira esni (ami ellen lehet, hogy kezdetben harcolni fogsz), de arra kérlek, vedd ezt egy jelnek, hogy működik minden, és az univerzum azon ügyködik, hogy megáldjon téged. Ez a fajta széthullás egy természetes, és szükséges velejárója a teremtés folyamatának.

EGY SZEMÉLYES PÉLDA

Nemrégiben egy hathetes turnéra készültem, amikor hirtelen a semmiből váratlan pénzügyi követelések árasztottak el. A legelső reakcióm az volt, hogy: „Ó, nem mehetek most el, nem csinálhatom ezt végig. Többet kell most dolgoznom, és kifizetnem mindezt – ez az észszerű lépés. Nem kéne felszállnom a gépre, hogy elutazzak és foglalkozzak magammal, vagy hogy másokat facilitáljak. Hogy mehetnék oda, mikor nincs minden elsimítva?"

Ez egyértelműen a „Nem rendelkezem ezzel" hangja volt, ami azt mondta: „Látod? Megmondtam... nem lehet a tied." Vicces, hogy akárhányszor előre haladunk, valójában életbe léptetjük a felénk áradó dolgok traumáját, hogy megakadá-

---

lyozza, hogy az a varázsló és varázslatos teremtő legyünk, akik valójában vagyunk.

Ha pedig ez nem lett volna elég, ezzel egyidőben a romantika frontján is szétestek a dolgok, amikor az „élvezhető másik felem" elhagyta a kapcsolatunkat, és egyoldalúan véget vetett „nekünk". Én valószínűleg másképp döntöttem volna, és azt mondom: „Hé, mire vagyunk képesek együtt?", teljesen éberen rá, hogy olykor nem tehetünk meg mindent együtt – néha egyedül kell.

Tehát, mitévő lehetsz, amikor valaki választ, és az nem a te választásod? Te is választasz. Ez egy *Rendelkezem ezzel! Bármibe is kerüljön* választás.

Így hát azt választottam, hogy elutazom arra a hat hétre, teljesen elengedem azt a kapcsolatot, magamat választottam és azt, hogy tudom, hogy az univerzum azon fog ügyködni, hogy megáldjon, és hogy a pénzügyi fronton minden könnyedén és erőlködés nélkül fog új lehetőségeket generálni.

És itt az a nagyszerű tudás, ami a suttogások hallgatásával jár és azzal, ha magadat választod az univerzum áldásában: minden jobban alakult, mint ahogy azt valaha el tudtam volna képzelni. Igen, voltak zökkenősebb részek az úton, ennek ellenére nem kevesebb, mint a kiterjedés csapódott hozzám az utam során. Örökre megváltoztam, és elköteleződtem magam mellett.

RENDELKEZEM EZZEL! VÁLASZTOM! MAGAMAT VÁLASZTOM!

Ebben az energiában hajlandóság van mindennek az elengedésére. Hajlandónak kell lenned elveszíteni mindent, hogy meglegyen mindened. És míg ez egy rossz dolognak tűnhet, ha közelről megfigyeled, általában felfedezed, hogy a nagy része egyébként is olyasmi, amit nem akarsz, hiszen valamilyen szinten nem támogatott téged teljesen.

Nézzünk szembe vele...

Ha akarsz valamit, ami „10", valószínűleg meg kell majd válnod attól a „9-től", amihez ragaszkodtál, habár eleinte a legnehezebbnek a forma és struktúra elengedése bizonyulhat. Esetemben nem volt nehéz elengednem vagy megváltoztatnom a fent említetteket. A nehézség, amibe beleragadtam, az volt, hogy „azt hittem", hogy ennek egy bizonyos módon kell kinéznie, hogy beleférhessen ebbe a valóságba – amíg a változás szelleméhez nem csapódtam, és folyamatosan nem kezdtem választani, hogy választom magamat, és radikálisan elevenen tartottam a *Rendelkezem ezzel! Bármibe is kerüljön* megkövetelését. Nem számít, kit és mit veszítek el, ki hagyja el az életemet vagy kinek az életét hagyom el, sosem mondok le magamról.

Amikor figyelemmel kíséred az életed ilyesfajta szétesését, valójában megérezheted és foghatod a változás energiáját – gyakran ez az a valódi változás, amit már egy ideje követelsz. Nekem ilyen érzés volt, ahogy végignéztem, ahogy az egész életemet összetartó varratok a szemem előtt foszlottak szét, váltak cseppfolyóssá, és táplálták a Földet. Ám még a ragacs, ragadósság és érzelmi kifacsartság közepette is tudtam, hogy semmi olyan nem történik a *Rendelkezem ezzel!* energiájában, amit ne akartam volna megváltoztatni.

Ezekben a helyzetekben azt találtam, hogy a legjobb dolog, amit tehetsz, valamiféleképpen ellentmond a megérzéseidnek – szóval csak játssz a helyzettel, az energiával, és vágtass keresztül a flippergéppel a lyukon, ami elvezet mindenhez, ami tágas és könnyű. Gyakran épp azelőtt adjuk fel, mielőtt megérkezne a varázslat.

Ugyanis elmondom, hogy mi van...

Mi van akkor, ha valójában minden összeállóban van?

A *Rendelkezem ezzel!* energiája úgy nézhet ki, mintha minden szétesőben lenne, de mi van, ha valójában éppen minden összeállóban van?

Egészen biztosan ez az a pillanat, amikor meghozhatnád a pragmatikus választást, és lemondhatnál mindenről, amit valóban megkövetelsz és vágysz. Vagy mondhatnád, hogy: „Nem, én ezt meg tudom teremteni, meg tudom csinálni, szükségem van erre, együttműködöm az univerzummal, magamat választom és elköteleződöm magam mellett, valamint az életem összeállásának a teremtése mellett."

Tudnod kell, hogy amíg saját magad megkövetelése vagy, az univerzum azon ügyködik, hogy megáldjon téged, még ha a dolgok látszata változóban is van. Ha megnézed a természetet, látni fogod, hogy ez a dolgok természetes rendje. Mi történik egy erdőtűz után? Új élet serken és növekszik.

A teremtésben mindig van egy bukkanó, egy átlendülés a választás és teremtés tágas terébe. A kínai Feng Shuihoz hasonlóan, ahol tudatosan mozgatsz dolgokat ide-oda, és átrendezel, hogy egy harmonikusabb és virágzóbb környezetet teremts, a *Rendelkezem ezzel!* energia nem más, mint a benned rejlő molekulák mozgása, hogy megtestesítsd a radikálisan eleven élet megkövetelését, túl mindenen, amit ez idáig megengedtél.

MINDEZ CSAK EGY VÁLASZTÁS – A TE VÁLASZTÁSOD

Generatív erőként a *Rendelkezem ezzel!* a várakozás ellentéte. Igazándiból csak egy kifogás várni, hogy a dolgok „kibontakozzanak", vagy várni a „jelre", vagy akármire, hogy egyértelművé váljon valami. Ezzel olyan helyzetbe hozod magad, amiben esetleg nagyon sokáig kell várnod.

Azt szoktam kérdezni az emberektől: „Nem vártál eleget arra, hogy valaki más legyen a megkövetelés az életedben? Mi van, ha te vagy az energia, amire vársz?"

Tudatában vagy annak, hogy még akkor is lehetsz a saját megkövetelésed, amikor csatlakozol máshoz? Ez az, amit én létrehoztam a csapatommal a Live Your ROAR LLC (Éld meg az ÜVÖLTÉSED) főhadiszállásán. Mindenki a bántalmazáson való túllendülés és a radikálisan eleven élet katalizátorává vált. Senki nem üli meg a farvizemet. Mindannyian megkérdezzük az üzlettől, mire vágyik, mivel szeretne rendelkezni, majd megyünk és megteremtjük. Megköveteléskként élünk, és az univerzum megáld minket a kéréseinkkel.

Ha olyasvalaki vagy, aki birtokolja a *Rendelkezem ezzel! Bármibe is kerüljön* energiáját, „várakozó" emberek körül lenni finoman szólva is kihívást jelenthet. Például tegyük fel, hogy egy kisvállalkozás tulaja vagy, és van egy alkalmazottad, akinek nehézségei vannak a pénz befogadásával. Természetesen ezzel nem voltál tisztában, amikor felvetted, és olyan pozícióba tetted, ahol a pénzért felelős.

Később pedig, akárhányszor egy kifizetés állapotáról kérdezed, feltűnik, hogy folyton kifogásokkal áll elő, vagy olyasmit mondd, hogy: „Igen, beszéltem az ügyféllel, és azt mondta, fizetett", miközben a banktól azt az értesítést kaptad, hogy a fizetést elutasították. Újra meg újra futod ezeket a köröket, és ez ismételten csak megtörténik.

Ilyenkor az történik, hogy mivel elutasítja, hogy pénzt kapjon, így öntudatlanul gátolja a pénz befogadását az üzlet nevében is. A gyakorlatban pedig ez egy várakozó játékot eredményez a pénzfogadásban, és képes tönkretenni üzleteket és kapcsolatokat.

Amikor pénzről van szó, annak befogadása és begyűjtése megkövetel egy személyes erőt, hogy válaszd, amire vágysz, túl azon, amid van. Más szóval megköveteli a *Rendelkezem ezzel! Bármibe is kerüljön* energiát.

A *Rendelkezem ezzel!* generatív energiájaként létezni egy meggátolhatatlan, előretörő, teremtő tér. Függetlenül attól, hol vagy, vagy hol szeretnél lenni, a teremtő folyamat mindig ugyanaz, így hát nyugodtan feltételezheted, hogy amikor már olyan közel jársz, hogy szinte meg tudod érinteni, a dolgok elkezdenek felhevülni, berobbanni vagy szétesni.

Pontosan ebben a pillanatban kell elengedned, és teljesen beleállnod a *Rendelkezem ezzel!*-be, hogy minden összeállhasson, az univerzumhoz és a választásodhoz igazodva. Ettől ez rólad fog szólni és a hajlandóságodról, hogy megengeded ezen valóság nagyságának, hogy együttműködjön veled, és megáldjon.

Azonban... van egy „buktatója".

A hajlandóságod, hogy megengedd mindezt a támogatást a saját nevedben, feltételezi a képességet, hogy valóban be tudsz fogadni, márpedig azt találtam, hogy ez az, ahol a bántalmazott emberek problémákba ütköznek.

Őszintén szólva, nem csinálják túl jól.

Úgyhogy térjünk is rá, mi kell ahhoz, hogy egy „szélső fogóvá[2]" válj.

---

2. Wide-receiver: amerikai fociban a legszélső játékos, akinek passzolhatnak. Szójáték: szélesen, nagy mértékben befogadó.

FEJEZET 4

NÉGY KEDVESSÉG... A NAGY, SZÉLES FOLYÓ, AMELY BENNED ÁRAMLIK

A kitartó kedvesség sokra viheti. Ahogy a nap megolvasztja a jeget, a kedvesség eloszlatja a félreértést, bizalmatlanságot és rosszindulatot.

— *ALBERT SCHWEITZER*

Kedvesnek születtél – és ezt nem csak úgy mondom.

Egy, a Scientific Americanben megjelent „Felejtsd el a legrátermettebb túlélését: A kedvesség az, ami számít[1]" című interjú alapján a kedvesség „be van kötve" az agyunkba.

Nem mintha mindenki eszerint működne, de ez ott van, velünk született ajándékként.

Ebben a fejezetben szándékomban áll rávilágítani erre úgy, ahogy talán még nem gondoltál rá ezelőtt, hiszen igazából a kedvesség sokkal több, mint egy jó ötlet, vagy valami, amit azért csinálsz, hogy „jó fej" legyél.

---

1. Forget Survival of the Fittest: It is Kindness that Counts (http://scientificamerican.com)

Valójában ez egy erőhatás vagy erő, ami, ahogy Albert Schweitzer oly elegánsan megfogalmazta: „eloszlatja a félreértést, bizalmatlanságot és rosszindulatot."

Ha pedig része volt az életednek a bántalmazás bármilyen formája – múltbéli vagy jelenlegi –, nem árt, ha megismered ezt a belső cinkost.

Én például nem barátkoztam meg vele egészen a húszas éveimig – amíg a családi erőszakot oktató professzorom meg nem mutatta, mi a kedvesség azáltal, hogy megközelített, és megkérdezte, jól vagyok-e. Szemet szúrt neki a testbeszédem, amit két évtizednyi bántalmazás, trauma és ítélkezés formált meg, amivel együtt éltem, mialatt felnőttem. A vállaim majdnem egészen a fülemig fel voltak húzva és előre görnyedtek, ezzel is próbáltam megvédeni magam a rám szabott fizikai, verbális és energetikai ütésektől.

Más, egyértelmű viselkedésmintáim is voltak, amik a szexuális visszaélésből eredtek, amit gyerekmodellként viseltem el. Ezek legalábbis egyértelműek voltak a szakavatott szemeknek. A bántalmazás ezen jelei több szinten is beépültek – meglátszott azon, ahogy jártam és tartottam magamat, és azon is, ahogy magammal és másokkal kommunikáltam.

Manapság erre a „trauma szomatikájaként" utalok, arra a létezési módra, ami a fizikai és energetikai szerkezetünk megszilárdult részévé vált, valamint integrálódott és bezáródott a sejt- és molekulaszerkezetünkbe.

Keménynek hangzik, nemde? Akárcsak egy bevehetetlen erőd.

Nos, a jó hír az, hogy ha ez egy erőd, akkor a kedvesség az az ostromgép, ami le fogja ezt bontani.

AZ ÍTÉLKEZÉS ERŐDJE

Az a helyzet az ítélkezéssel...

Elképesztően régóta van jelen – évezredek óta. Az emberek tökéletesítették, mint „készség." És ez még nem a legrosszabb.

Az ítélkezés belefonódott a DNS-ünk szerkezetébe. Amikor beleszületünk a kollektív tudatosságba, megörököljük a minket megelőző generációkban szövődő minták fonalait, ami aztán ránk ruházódik egészen addig, amíg valaki meg nem szakítja a kört. Ez az „az apák bűnei" dolog.

Tehát mibe kerül megtörni a kört?

Nagyszerű kérdés...

Ám mielőtt megtennénk ezt, nézzük meg, milyen ítélkezés állandósul az életedben, *ha nem teszed.*

- Az ítélkezés benne tart abban, hogy hazudsz önmagadnak, és visszazár a „bántalmazás láthatatlan ketrecébe," ami elzárva tart téged önmagadtól, másoktól, és attól, hogy megéld és megteremtsd az életet, amire vágysz.
- Az ítélkezés az összeszűkülés és a korlátozás egy formája, egy önpusztító szerkezet, és az önbántalmazás egy átható módja. Ez a kiterjedés ellentéte, ami benne tart a kicsiségben, küzdésben, áldozatszerepben és erőtlenségben, páncélzatban és dermedtségben. Ennek eredményeképpen leállsz a ketrecen túli generálással és teremtéssel; helyette magad ellen fordulsz és fenntartod a bántalmazás ördögi körét.

- Amikor ítélkezel magadon, a saját örökös börtönőröddé válsz, és még mélyebbre zárod magad a saját rosszaságodba. Az ítélkezés visszaránt annak a kényelmébe, amit tudsz (hogy mennyire „rossz" vagy), és garantálja, hogy sosem kell többnek lenned annál, ami most vagy. Megszilárdítja a bántalmazás láthatatlan ketrecét.

- Amikor mások felett ítélkezel, olyankor valójában védekezel, leválsz, megtagadsz és elkülönülsz attól, amit nem vagy hajlandó meglátni magaddal kapcsolatban. Ezeket hívom a „4 D"-nek. Ezek arra lettek tervezve, hogy elszigeteljenek és leválasszanak magadról; ez az egység és összetartozás ellentéte.

- Az ítélkezés olyasmi, amit „erőltetett befogadásnak" hívok, hiszen lényegében kényszeríted magad, hogy elfogadd valaki más ítéleteit, különösképpen ott, ahol bántalmaztak, és be kellett fogadnod valamit, amit nem akartál – amire kényszerítettek, hogy befogadd. Ennek eredményeképpen hegyes, nyílvesszőszerű „tüskéket" fejlesztesz ki, mint egy tarajos sül, ami megakadályozza, hogy az emberek túl közel kerüljenek hozzád.

Az ítéletek az ezzel a valósággal szembeni ellenállás, amivel védekezünk. Ennek nagy részét gyerekként tanultuk, vagy azért, mert láttuk, hallottuk, vagy mert eldöntöttük őket arra reagálva, ami velünk történt. Ezek a döntések aztán gondolkozási szokásokká váltak, a lencsévé, amin keresztül látunk, és robotpilóta üzemmódban túléljük a repülés hátralevő részét.

A gond csak az, hogy ha tovább használjuk őket az életünk mindennapi találkozásai során, minden más lehetőséget kizárunk, ami egyébként lehetne, amit tehetnénk vagy birtokolhatnánk.

Épp ezzel – ezeknek az ítéleteknek a tisztításával és átalakításával, hogy egy szabadon örömteli életet éljünk – töltöttem a karrierem és gyógyító praxisom nagyját.

Voltaképpen el is neveztem ezt.

ÜVÖLTÉSNEK (ROAR) hívom – egy Radikális, Orgazmikus, Eleven Valóságnak. Hogy lehetne még ennél is jobb?

MAGA VAGY A LEHETŐSÉG: A VALÓDI TERMÉSZETED A FÉKTELEN KREATIVITÁS, BŐSÉG ÉS KITERJEDÉS.

Elképzelhető, hogy amikor egy kis lyukban ülsz egy asztal mögött, akkor ezt nem így érzed, így hát a legjobb tudomásom szerint a legjobb módja, hogy valóban értékelni tudd és növeld az éberséged ezzel a tudással kapcsolatban, ha gyakrabban töltesz időt a természetben. Még csak nem is kell semmit csinálnod... Ösztönösen adja majd magát.

Az egyik oka, amiért akkora ereje van annak, ha a természetben vagy, hogy a Föld az egyetlen olyan hely, ahol az ítélkezés nem tartózkodhat. Ez egy olyan hely, ahova újra meg újra visszatérhetsz, hogy megszabadulj az ítéleteidtől, és megérezd a békét és a kiterjedés lehetőségeit. Valójában kedvesség a Földnek ajándékozni az ítéleteidet.

Amikor a Földnek ajándékozod az ítéleteid trágyáját, azzal szó szerint egy új lehetőséggel termékenyíted meg magadat, és mindenki mást.

Tehát, mi lehetséges?

Először is, ha egyszer kiengeded magad a bántalmazás ketrecéből, ami benne tart egy „áldozat"-sztoriban, az egész világ nyitva áll előtted. Ott kint, a nyílt térben rájössz, hogy van más választásod azzal kapcsolatban, hogy hogyan élsz és viszonyulsz magadhoz és másokhoz.

Esetemben például, amikor felfedeztem, hogy valójában ki vagyok, túl az összeomlott, szerencsétlen, önpusztító lányon, rájöttem, hogy kedves, briliáns, fenomenális és vicces vagyok.

Mi és ki várja, hogy meglásd?

Ahogy új választásokat gyakorolsz, magabiztosabbá kezdesz válni. A bántalmazás régi mintáinak már nem lesz ereje feletted. Most már neked van hatalmad a bántalmazásod felett, és erőd, hogy egy új életet válassz magadnak.

Többé nem pusztításból, hanem választásból teremted az életedet. Tudom, hogy ez nagy falatnak tűnhet, mivel őszintén szólva elképzelhető, hogy komolyabban el vagy köteleződve az áldozatsztori mellett, mint az ezen túlmutató élet lehetősége mellett. Sokszor látom ezt azoknál az embereknél, akik először jönnek el hozzám. A körülmények áldozatának érezheted magad, ahogy én is oly sokáig, mintha semmivel nem tudnád megváltoztatni. Ez azonban hazugság...

Egyszerű és nagyszerű.

KEDVESSÉG, MINT GENERATÍV ENERGIA

Bántalmazott gyerekeknél gyakran előfordul, hogy azt hiszik, rosszak és hibásak, nekem azonban kellett az a beszélgetés a családi erőszakot oktató professzorommal az egyetemen, na meg a segítsége, hogy felismerjem, nem vagyok értéktelen.

Ez a tanárnő volt az első, aki valaha megkérdezte, jól vagyok-e, és ennek az egyszerű, kedves cselekedetnek hála elöntött az éberség, hogy mennyire *nem* voltam jól. A támogatásával megláttam, hogy tehetek azért valamit, hogy túllépjek a bántalmazó múltamon – hogy túlszárnyalhatom a túlélést, sőt, egy nap még a gyarapodást is.

Mintha csak a kezembe adta volna a titkos kulcsot, amivel kiszabadíthatom magam a saját bántalmazásomból.

Elkezdtem meglátni a bántalmazó, pusztító mintákat, amiket állandósítottam a felelőtlen viselkedésem által, és elköteleztem magam, hogy mást választok. Ezt nem egyedül csináltam. Szakértő támogatás és bizalmas beszélgetések által jutottam el oda, hogy végre el tudtam engedni az áldozatszerepet, amiben már majdnem három évtizede éltem.

Amikor ezt elengedtem, a láthatatlan ketrec is elkezdett összeomlani. Ahogy lassan rájöttem, hogy van más választásom azzal kapcsolatban, hogyan élek és viszonyulok magamhoz és másokhoz, nem volt többé szükségem a határokra és falakra, amiket azért emeltem, hogy megvédjem magamat.

Mindez pedig egy egyszerű, kedves gesztussal kezdődött, ami valóban „eloszlatta a félreértést, bizalmatlanságot, és a rosszindulatot".

Természetesen a kedvesség nem minden mozzanata fogja elérni ugyanezt. A kedvességnek sok arca van. A legegyszerűbb gesztusoktól – például egy mosoly –, ami nem telik többe, mint egy pillanat, ez egészen a túlzó segítségnyújtásokig terjedhet. Ez lehet véletlenszerű, ami a semmiből bukkan elő, vagy adható válaszként valakinek a szükségleteire.

Az igazat megvallva ez valószínűleg természetesebb a számodra, mint bármilyen másik megközelítés, mivel ahogy az elején is említettem, a kedvesség *benned van.*

Nem kell messzire menned érte, habár amikor ítéletekbe vagy bezárva, lehetetlennek tűnhet ennek az elérése. Tehát ha nehezedre esik kedvesnek lenni, kezdj el nézelődni a mögöttes ítéletek után, amik elállják az utat.

Ennek egy módja az lehet, hogy ilyen kérdéseket teszel fel:

- *„Ítélkező vagy kedves vagyok ezzel?" – legyen ez akár a pénzzel, párkapcsolattal, a testeddel vagy valami mással kapcsolatos.*
- *„Ez kiterjedő vagy korlátozó érzés?"*
- *„Ez könnyű vagy nehéz érzés?"*

Azzal, hogy elköteleződsz magad mellett, és elfogadod a feléd irányuló kedvességet – magadtól és másoktól –, egy új energia és tudatosság tere bukkanhat fel – egy befogadó tér, ami egyszerre vibráló, eleven, potens, pikáns és teljes egészében *ízletesen te vagy.*

A kedvesség bevezeti az életerő kiteljesedését, aminek csupán négy dologra van szüksége, amit én „4 E"-nek hívok:

1. *Átkarolni* azt, ami igaz neked (*Embracing*)
2. *Megvizsgálni* azt, amivel épp foglalkozol (*Examining*)
3. *Kiterjedni* egy új lehetőségbe, éberségbe és kedvességbe (*Expanding*)
4. *Megtestesíteni* a változást és a saját igazadat (*Embodying*)

A valóságban a kedvesség megtanulása olyan, mint egy új nyelvet elsajátítani. Esetemben ez egy olyan nyelv volt, amit nem ismertem. Nem ez volt az „anyanyelvem", amit otthon hallottam és beszéltem. Gyakorlással töltött időbe tellett nemcsak megtanulni, de aztán folyékonyan is beszélni.

És épp úgy, mint egy nyelv, ez egy kreatív, generatív energia – pont az, ami egy kiterjedés energiájával átitatott, új élet teremtéséhez kell.

A szép ebben az, hogy ha feladod az ítélkezést, és használod a kedvesség és gyengédség erejét, akkor eloszlathatod a törődés hiányának minden élményét, amit megtapasztaltál, és elengedheted az érzést, hogy mindenáron meg kell védened magad.

Végre elhullajthatod a tüskéidet és kinyílhatsz a bőkezű élet befogadására – hogy valóban az az ajándék legyél magadnak és a világnak, aki vagy. Ebben a határok nélküli térben felfedezel majd egy puhább, sebezhetőbb teret... ami egyszerre szent és biztonságos.

A befogadás energiája itt szabadon és könnyedén áramlik, mint egy hatalmas folyó.

Csupán csak választanod kell, belelépned, és hagynod, hogy vigyen magával széles és nagylelkű útján. Ez mind a tiéd, ha választod.

A következő fejezetben többet beszélünk majd a befogadásról, különösképpen a „bájolt befogadásról".

FEJEZET 5

A BEFOGADÁS ELCSÁBÍTÁSA, HOGY AZ AZ AJÁNDÉK LÉGY, AKI VALÓJÁBAN VAGY

Onnantól kezdve tudtam, mit akarok csinálni, mit kell csinálnom:

energiát adni és visszafogadni a tapson keresztül. Imádom. Ez az én világom. Imádom. Élvezem. Ezért élek.

— ERYKAH BADU

Mostanra remélhetőleg elkezdted érzékelni, hogy azért vagy itt, hogy egy sokkal nagyszerűbb életet élj, mint amit eddig el tudtál képzelni.

Bármi áron.

Lehet, hogy a te „bármid" – akárcsak az enyém – az, hogy legyőzd évtizedek bántalmazását, és radikálisan elevenen élj. Ha én megteremthettem egy életet a legvadabb álmaimon is túl, akkor biztos vagyok benne, hogy te is képes vagy rá. Igazából tudom ezt minden kliensemről.

Akár küszködtél bántalmazással, akár nem, ha ezt a könyvet olvasod, esélyes, hogy van valami az életedben, amit csapdának érzel, egy ketrecnek, vagy valamiféleképpen kizárva érzed magad a befogadás lehetőségéből.

A jó hír az, hogy benned rejlik a kulcs, amivel kiszabadíthatod magad *önmagad be nem fogadásából.*

MI AZ A BEFOGADÁS?

A befogadás egy olyan tevékenység, amiben nem emelsz határokat senki és semmi felé. Ez a nyitottság és a mindennel való egység egy sebezhető tere. A befogadásnak nincsenek határai vagy kötelezettségei. Nem erőltetett vagy megkövetelt, egyszerűen csak az *önmagad* tereként létezés egy módja *önmagad* energiájában, *önmagad* tudatosságaként!

Ahhoz, hogy önmagad energiája, tere és tudatossága legyél, csak annyit kell elképzelned, hogy olyan nagy vagy, mint az univerzum és a Föld. Abban a hatalmasságban egyszerre vagy minden és semmi. Mindennek a része vagy, mivel ott szó szerint létezik egy molekuláris egység, ami magába foglalja az éberséget mindennel, mindenért, és mindenről.

Ez az energia, amit én „befogadásnak" hívok, teljhatalmat, totális választást, teljes éberséget és totális erőt ad neked a sebezhetőségtől, ami abban rejlik, hogy hajlandó vagy a legnagyobb formádat ölteni.

Milyen lenne a világ, ha mindannyian ekként az energiatérként élnénk?

Sajnos a befogadás energiáját bemocskolta ezen a bolygón a háború, konfliktus, bántalmazás és terror, ami egyáltalán *nem* a befogadás energiája. A befogadás teremt; a bántalmazás rombol. A befogadás generál; a háború pusztít. A befogadás egységet hoz létre; a konfliktus elkülönülést hoz. A befogadás fenntarthatóságot épít; a terror kioltja a választást. Választani annyi, mint befogadni.

Befogadni azt jelenti, hogy ennek a valóságnak a formáján és struktúráján túl választasz.

Így hát a befogadás a leghatalmasabb fegyverünk, amivel eltörölhetjük az idejétmúlt létezési formákat – egyszerűen csak azáltal, hogy a teljes megengedés energiájaként létezünk.

MI A BEFOGADÁS ENERGIÁJA?

A befogadás az az energia, ami ahhoz szükséges, hogy azt az életet éld, amire vágysz. Elképzelhető, hogy ez az az energia, amit blokkolsz, ha megtapasztaltad a bántalmazás bármilyen formáját.

Honnan tudod, hogy blokkolod a befogadás energiáját?

- Sóvárogsz az egység után, de kevésbé kielégítő kapcsolatokba ragadva érzed magad.
- Sikerre vágysz a karrieredben, de plafonba ütköztél, és nem érted, miért nem keresel többet.
- Arról álmodozol, hogy vibrálóan egészséges vagy, de valamiféle krónikus állapottal küszködsz.

A saját gyógyulási folyamatom során felfedeztem, hogy közvetlen kapcsolat van a bántalmazás és a befogadás lezárására való hajlam között. Ennek ellenére azonban vannak módok rá, hogy felszabadítsd a befogadás energiáját az életedben. Alább felsoroltam öt lépést, ami segíthet ebben:

5 LÉPÉS, HOGY FELSZABADÍTSD A BEFOGADÁS ENERGIÁJÁT

1. lépés: Ismerd el a láthatatlan tarajos sült

Milyen gyakran válsz szúróssá, amikor valaki közelít feléd?

Ezt hívom a „láthatatlan tarajos sül" formának. Jól ismerem ezt a jelenséget, mind magam, mind a klienseim részéről, akikkel az elmúlt két évtized során dolgoztam.

Tudod, honnan jönnek ezek a tüskék? A múltbeli bántalmazásodból. Egyszer régen a világ nem volt biztonságos a számodra, így hát létrehoztad ezeket a tüskéket, mint a legjobb próbálkozást, hogy megvédd magad. Akkor ott jól is működtek; mostanra azonban elavultak.

Mennyi mindent nem hívsz be az életedbe ezekkel a tüskékkel?

Ahogy azt remélted, hogy ezek a tüskék távol tartják majd a bántalmazódat, ezek most egy „biztos" távolságban tartják a szerelmet, pénzt, klienseket, és minden mást is. A biztonságos távolság lezárja a befogadásodat, mivel állandóan azt lesed, mikor következik be a katasztrófa.

Itt az idő frissíteni a merevlemezedet?

Az első lépés ahhoz, hogy felszabadítsd a befogadás energiáját az, hogy elismered, hogy egy láthatatlan tarajos sül voltál eddig, tüskékkel felszerelkezve, éjjel-nappal készenlétben, hogy bármikor megtestesíts egy önvédelmi felállást a támadással szemben.

2. lépés: Selejtezd ki a történeteket, amik gátolják a befogadást

Amikor bántalmazást tapasztaltál, arra kényszerültél, hogy „befogadj" valamit, amit nem akartál befogadni. Abban a pillanatban pedig kitaláltál egy történetet, miszerint semmilyen formában nem biztonságos befogadni. Szerelem? Pénz? Egészség? Minden veszélyessé válik.

Számomra a befogadás azt jelentette, hogy ítélkeznek felettem. Azt jelentette, hogy azt csinálom, amit édesanyám mondott, csak hogy ne verjenek meg. Azt is jelentette, hogy mások valóságát élem és akként létezem, elkeseredetten vágyakozva rá, hogy táplálást és szeretetet kapjak (amit sosem kaptam meg, kivéve pénz, tárgyak, végezetül pedig bántalmazás formájában).

Mit jelent neked a befogadás?

Milyen történeteket meséltél be magadnak a befogadásról, ami a helyén tartja a tüskéket? Hajlandó vagy elengedni azokat a történeteket?

Kit vagy mit értelmeztél és alkalmaztál félre befogadásként, ami valójában védekezés?

3. lépés: Ismerd fel, hogy a tüskék mindkét irányba szúrnak

Épp úgy, ahogy a láthatatlan tarajos sül „tüskéi" kifelé merednek, és az életben mindent (szerelem, pénz, egészség stb.) egy „biztos" távolságban tartanak, úgy merednek befelé is, és távol tartanak attól, hogy előbújj és beleállj a saját életedbe.

Egy ponton, talán nagyon régen, megtanultad, hogy nem „biztonságos" előbújnod. Leválhattál vagy elkülönülhettél, amikor megpróbáltál elmenekülni a bántalmazásod elől, vagy megpróbáltál beszélni róla valakinek. Akárhogy is történt, eltávolodtál magadtól, hogy megpróbáld biztonságban tartani magadat.

Így hát újra meg újra megszúrod magad a saját tüskéiddel ítéletek és történetek formájában, miszerint nem biztonságos, ha meglátnak vagy meghallanak.

Tudod, mi a legfájdalmasabb dolog ebben az egészben? „Biztonságos" távolságból éled a saját életedet magadtól, és igazán sosem fogadod be *önmagad* szépségét és potenciálját.

Sosem *fogadod be* önmagad.

Őszintén szólva pedig valószínűleg igen kevés, vagy nulla tudomásod van arról, ki vagy – ki vagy valójában –, mivel mindig is tüskékből álltál, és sosem engedted meg, hogy a valódi éned előbukkanjon.

Ez a bántalmazás valódi járványa ebben a valóságban: elválunk saját magunktól.

Ahogy az 1. és a 2. lépésben is, el kell ismerned, hogy a tüskék téged is bántanak, és el kell engedned a kitalált történeteidet arról, hogy mi történik, ha előbújsz az életedben, ezt pedig megbocsátáson és elfogadáson keresztül tudod megtenni. Ez ennek a lépésnek a kulcsa, és senki másról nem szól, csakis rólad.

A legnagyobb kedvesség, amit befogadhatsz, ha megbocsátasz magadnak és elfogadod önmagad.

4. lépés: Szabadulj meg az erőltetett befogadástól

Ahogy a 2. lépésben említettem, amikor bántalmazást tapasztaltál, rákényszerültél, hogy „befogadj" valamit, amit nem akartál. Ezt hívják „erőltetett befogadásnak".

Hogyan befolyásolja ez a múltbéli élmény azt, ahogy ma másoknak adsz?

Elmenekültél az erőltetett befogadástól vagy valójában csak ismétled a kört? Az erőltetett befogadás újra meg újra csak elutasítást vált ki. Ez tart távol a valódi egységtől az életed minden aspektusában.

Honnan tudod, hogy beszorultál-e az „erőltetett befogadás" körforgásába?

Azt gondolod, tudod, mi a legjobb másoknak: „Tessék, edd meg ezt." „Csináld ezt." „Fogd ezt." Azt adod, amiről azt gondolod, hogy „kellene" másoknak, ahelyett, amit kérnek.

Lényegében felsőbbrendűként élsz mindenkihez képest, és nem vagy éber semmire. Csak azért, mert meg tudsz tenni bizonyos dolgokat másokért, ez nem azt jelenti, hogy akarják is. Amikor ráerőlteted valakire, hogy befogadja, amiről azt gondolod, hogy a legjobb neki, az azt sugallja, hogy te jobban tudod, okosabb és éberebb vagy nála, ami teljes mértékben leértékeli őt. Ez teljes tiszteletlenség a másik lényével szemben.

Úgyhogy hagyd abba az akaratod másokra erőltetését, és engedd meg nekik, hogy azok legyenek, akik, és fogadd be őket mindenestül, nézőpontok nélkül. Egyszerű kíváncsisággal a másikkal szemben sokra viheted, ha befogadásból és megengedésből teremtenél kapcsolatokat.

Tehát hogyan lépj túl az „erőltetett befogadáson" egy más lehetőségbe?

5. lépés: Ragadd meg a bájolt befogadást

Minden az éberséggel kezdődik. Ha egyszer meglátod, miként használod az erőltetett befogadást, választhatsz valami mást.

Miért ne próbálnád hát ki a *bájolt befogadást?*

Persze a csábítás egy kissé veszélyesen hangozhat, főleg, ha annak eredményeképpen volt részed bántalmazásban, hogy tettél valamit, vagy olyasvalami voltál, ami arra „csábította" a másikat, hogy rád erőltesse magát.

Szóval emlékeztetőül, ahogy a 2. lépésben, itt is választhatod, hogy kiirtod ezt a történetet, ami megakadályozza, hogy befogadj.

Mi van, ha létezik egy „biztonságos" csábítás?

És mi van akkor, ha a „bájolt befogadás" létfontosságú ahhoz, hogy behívd az életedbe mindazt, amire vágysz? Az elkövetőid megpróbáltak elvenni valamit, amihez nem volt joguk. Ha távol tartod magadtól a csábítást és az orgazmikus élést, azzal az elkövetőidnek adod át az irányítást magad felett. Ha a saját csábításod művészetévé válsz, az helyreállítja a megtestesülés terét, ami mindig is benned volt, a bántalmazás előtt is. Tarts rá igényt, ez a tied.

A bájolt befogadással invitálás vagy arra, amire vágysz. Nagyszerűbb egészség, párkapcsolat, pénz és üzlet lehetőségének az energiájává válsz.

Mi kellene ahhoz, hogy a kedvességed és gyengédséged annyira erős legyen, hogy megolvassza az összes nemtörődömséget, amit megtapasztaltál (és hogy folyamatosan próbálod „megvédeni" magadat a tüskéiddel)?

A bájolt befogadás terében tudsz igazán önmagad ajándéka lenni: magadnak, és a világnak.

A sebezhetőség lágy terében elengeded a tüskéket; nincsenek többé határok. Itt a befogadás energiája szabadon és könnyedén áramlik. A befogadás tere, energiája és tudatossága vibráló, eleven, potens, zamatos és egyszerűen ízletes.

Ízletes, hiszen ez te vagy, önmagadként létezve.

Eleven, hiszen megtestesíted az energiádat.

Potens, hiszen a legnagyobb erősséged a kedvesség.

Vibráló és zamatos, hiszen megengeded minden részednek, hogy megajándékozzanak ebben és ezzel a valósággal, ami molekuláris szinten megváltoztat körülötted mindent, és mindenkit.

A bájolt befogadás a vitalitás legnagyszerűbb formája ezen bolygón. Ez eredendően bennünk van, és minél inkább megragadod, annál inkább összekapcsolódsz a kiterjedés energiájával, ahogy azt a következő fejezetben felfedezheted.

FEJEZET 6

HAT A KITERJEDÉS ENERGIÁJA

*A mélyen megélt magánélet mindig önmagán túlmutató igazságokba
nyúlik*

— *ANAIS NIN*

Emlékszem, mikor még csak hétéves voltam, és a hálószobám
ablakából néztem fel a holdra, egy ima súlyával a szívemen.
Akkorra már megtapasztaltam mindenféle fizikai, szexuális,
érzelmi és mentális bántalmazást, ami jócskán folytatódott a
húszas éveimig. Ám már ott, olyan fiatalon elköteleztem az
életemet amellett, hogy kiszabadítom magam abból, amit a
bántalmazás láthatatlan ketrecének hívok, mivel tudtam,
hogy létezik más lehetőség.

Megfogadtam, hogy egy nap találok módot rá, hogy túllépjek
az életen, amit akkor éltem. Megfogadtam, hogy megteszem,
amit meg kell tennem, hogy egy olyan világot teremtsek, ahol
éjszakánként minden gyerek békében hajthatja álomra a fejét.

Évekbe telt, rengeteg támogatásba és bátorságba, hogy gyako-
roljam a kiterjedés energiáját. Találtam módot rá, hogy boldo-

guljak, túl a gyerekkori szexuális bántalmazáson, és rengeteg embert támogattam a saját bántalmazásukon túlra, hogy korlátlan életet teremtsenek.

Bejárom a világot, miközben tanfolyamokat facilitálok. Van egy rádióműsorom a *Voice Americában*, ahol hallgatók ezreit érem el minden héten a műsorommal: „Túl a bántalmazáson, túl a terápián, túl mindenen."

Mondhatni betartottam az ígéretemet, amit a kis hétéves énemnek tettem.

Választottam, hogy sosem adom fel, sosem adom be a derekam, és hogy mindig megyek az után, ami végtelenül lehetséges. Jelenleg pedig elköteleződtem, hogy eltörlöm és felszámolom a bántalmazást ezen a bolygón, hogy több gyerek, és több felnőtt élhesse a felhatalmazott, kiterjedő létezését, ami születésénél fogva megilleti.

EZ NEM CSAK A BÁNTALMAZÁSRÓL SZÓL

Csak hogy tisztázzuk, nem kell gyerekkori bántalmazást megtapasztalnod ahhoz, hogy bezárva találd magad a saját láthatatlan ketrecedbe, ami távol tart a kiterjedés és a nagyszerűség energiájától, amire vágysz.

A láthatatlan ketrec nem csak egy műfajban utazik, és örömmel tőrbe csal bárkit.

Ha a markaiban találtad magad, valószínűleg készen állsz, hogy kitörj onnan, és megteremtsd a világot, amiről tudod, hogy lehetséges. Elképzelhető, hogy akárcsak én, te is megfogadtad, hogy megteszed ezt magadért, csak nem tudod, hogyan is csináld.

Arra buzdítalak, hogy fedezd fel a „láthatatlan ketrec" módszereit, amikkel távol tartott a nagyszerűségedtől, hogy aztán te is túljuthass a ketrec szűkösségén, egyenesen a kiterjedés energiájának a megtestesítésébe.

ISMERD FEL A KITERJEDÉS ENERGIÁJÁT

Ha ezen az úton haladsz, segít, ha tudod, mit szeretnél teremteni.

A kiterjedés energiája ez:

- Ismered a nagyszerűségedet, és a varázslatos lényt, aki vagy
- Szórakoztató, szabad, örömteli és radikálisan eleven életet élsz
- Felismered, hogy mindig végtelen lehetőséged van
- Kéred és befogadod azt, amire vágysz
- Megtapasztalod az egységet magaddal és másokkal
- Megajándékozod a világot azzal, ami egyedül csak a tiéd
- Választod, hogy egy felhatalmazott életet teremtesz, túl minden korláton

Igencsak fantasztikus, nem gondolod? Képzeld el, milyen életet teremthetsz, amikor megtestesíted a kiterjedésnek ezt az energiáját!

Ahhoz, hogy teljesen elsajátítsd ezt az erőteljes energiát, és ebből is működj, nézzük végig a láthatatlan ketrec három legnagyobb korlátját, és hogy hogyan lépj túl rajtuk, hogy megtestesítsd a kiterjedés energiáját, ami valójában vagy.

AZ ELNYOMÁSTÓL A MEGERŐSÍTÉSIG

Gyerekként nagyon bezárkóztam. Bármit is csináltam, az semmin nem változtatott: akkor is bántalmaztak. Úgy nőttem fel, hogy azt gondoltam, semmit nem tehetek, hogy megszabaduljak a bántalmazástól. Az áldozata voltam.

Ezt az áldozatszerepet pedig a húszas éveimbe is magammal vittem – ittam, buliztam, drogoztam, és más meggondolatlan viselkedést vettem fel, hogy megpróbáljak elszökni a múltbéli bántalmazásom fájdalma elől. Nem törődtem magammal. Akkor még nem tudtam, mennyire gyakori a bántalmazott gyerekek életében, hogy azt hiszik, rosszak és hibásak.

Az áldozatszerepen túli utazás önmagamhoz vezetett, át a láthatatlan ketrecen, végezetül pedig a ketrecből ki, az igazi énemhez. Felfedeztem, ki is vagyok valójában, a bezárkózott, nyomorult, önpusztító lányon túl. Rájöttem, hogy kedves, briliáns, fenomenális és vicces vagyok.

Azt is észrevettem, hogy van más választásom, hogyan élek, és hogyan viszonyulok magamhoz és másokhoz. Ahogy újabb választásokat gyakoroltam, úgy lettem egyre magabiztosabb. Közvetlenül szembenéztem a régi mintákkal, és elismertem a rajtam végzett pusztításukat. Aztán azt választottam, hogy abból teremtem az életemet, hogy mi könnyű és igaz nekem. Választottam, hogy megadom magamnak a lehetőséget, hogy valami teljesen mást teremtsek, ami mégis kapcsolatban áll azzal, aki a bántalmazás ellenére mindig is voltam.

Mi a helyzet veled?

Az „áldozatszerep" uralja az életedet? Te is ismételgeted a bántalmazás ördögi körét az önpusztító mintákon keresztül, és látod, mennyire elerőtlenít ez?

Mi van, ha valójában teremtheted az életedet pusztítás helyett választásból is?

Ha a bántalmazásnak bármilyen formáját megtapasztaltad az életed során, vagy akármilyen „rosszaságot", elképzelhető, hogy inkább el vagy kötelezve a szegény én sztori mellett, mint az azon túli élet lehetősége mellett. A körülmények áldozatának érezheted magad, mint oly sokáig én is, mintha semmit nem tehetnél azért, hogy megváltoztasd. Tudtam, hogy hazudok, minden alkalommal, amikor azt mondtam, semmit nem tehetek azért, hogy megváltoztassam az életemet. A választásom vált a különbséggé köztem és az érzéseim között. Felismertem, hogy én nem az érzéseim vagyok, hanem a választásaim.

Azonban, ha választod, ez az utazásod egy „szakasza" lehet, a láthatatlan ketrecből a kiterjedés energiájába. Készen állsz elengedni a nincs választás sztoriját? Ha igen, a következő lépések a segítségedre lehetnek.

3 LÉPÉSBEN AZ ELNYOMÁSBÓL A MEGERŐSÍTÉSBE: KÉRJ SEGÍTSÉGET EGY SZAKEMBERTŐL

Legtöbbször azoknak az embereknek, akikkel megosztod a problémáidat – család vagy barátok –, benne van a keze a problémáid létrehozásában.

Szakértőkkel beszélgetni felgyorsíthatja az elnyomásból való kijöveteled lendületét. Ha megosztod mással, mi mindent szeretnél teremteni, és ha megerősítésből dolgoztok össze a választásaiddal és a választásaidért, az hatalmas löketet adhat, hogy túllépj a bántalmazásodon. Ez egy bukásmentes terv a radikálisan eleven életért. A gyógyító szakemberek, akikkel dolgoztam, a bajtársaim lettek a gyógyulásban. Most pedig megengedem magamnak, hogy én legyek az másoknak, mint ahogy magamnak is vagyok. Sose ítéld meg, milyen hosszú, vagy milyen ösvényen vezet az út, csak válassz továbbra is a megszorításokon túl, amik eleve soha nem is tartoztak hozzád.

1. *Oszd meg a történetedet, és bocsásd szabadon minden titkodat*

A titkok az áldozatszerepben tartanak. Szégyent teremtenek és elerőtlenítenek, valamint beleragasztanak az összezsugorodásba és a korlátozásba. Minden egyes titkodért nagyjából 25 okot és indoklást kell fenntartanod, hogy helyén tartsd azt. Ez aztán nehezékké válik, és kiábrándít a hitelességből, amire vágysz. És akármilyen furcsa, ezek a titkok még csak nem is a tieid. Ezek általában az elkövetőé, vagy mások ítéletei rajtad, hogy ne lehess önmagad. Az ítélkezés a valódi járványa ennek a valóságnak, főképp a bántalmazás körül.

3. *Válaszd az „áldozatszerep" elengedését – és lépj túl rajta*

Amikor elengeded a sztoridat és túllépsz rajta, elkezdesz megmártózni a varázslatban, ami valójában vagy, és felfedezed a kiterjedés energiáját, ami elérhető a számodra a ketrecen túl. A sztorid elengedésének művészete van, ami nem más, mint választani, hogy azt teremted, ami valójában szeretsz lenni, és amit szeretsz csinálni. A bántalmazás olyan „érzés", mintha sose lett volna választásod. Abban a pillanatban nem volt, az azt követő évek során azonban minden nap minden másodpercében van. Úgy döntöttem, hogy az lesz a történetem, amit most teremtek, nem pedig az, amit arra alapozva teremtettem, ami évekkel ezelőtt történt.

Ahogy túllépsz önmagad lejárt lemezén, elkezded megtapasztalni a kiterjedés energiáját: szabadságot, örömöt és a saját nagyszerűségedet. Elkezdesz több lehetőséget látni magad, és az életed számára, ezáltal pedig váratlan helyeken kezded el felfedezni a saját potenciálod új forrásait. Ez felébreszti benned az elismerést, hogy mindig is önmagad voltál a bántalmazáson túl, valamint a bántalmazás előtt. A bántalmazás sosem határozott meg téged, hiszen sokkalta több vagy annál, és mindig is az voltál.

A FELFEGYVERKEZÉSTŐL A SEBEZHETŐSÉGIG

Amikor édesanyám káromkodott és különféle neveken nevezett, nem sírtam vagy mutattam ki, mennyire felzaklatott. Csak azt tettem, amit elvártak, gyorsan letudtam, majd elbújtam a szobámban. Amikor megütött, „megacéloztam" magam, és felkészültem. Tudtam, hogy nem sírhatok, hiszen csak erősebben ütne. Ha csak fogtam, és felvettem a láthatatlan „páncélomat" azáltal, hogy nem sírtam, tudtam, hogy hamarabb vége lesz.

Abban a hitben nőttem fel, hogy nagyobb biztonságban vagyok, ha kemény vagyok. Kőkemény páncélt fejlesztettem ki, hogy megvédjem a lágy belsőmet. Így a bántalmazóim csak a páncélt kapták, igazán sosem „kaptak el" engem.

Ahogy egy korábbi fejezetben említettem, ezt a viselkedésfajtát úgy hívom: „a láthatatlan tarajos sül felfegyverkezése jelenség". Ezt annyira fontos megérteni, hogy két teljes rádióműsort szántam ennek a témának (ezeket az ingyenes felvételeket megtalálhatod a honlapomon: www. DrLisaCooney.com). Ahogy egy tarajos sül is megvédi magát az éles tüskéivel, épp úgy elképzelhető, hogy te is egy láthatatlan tüskékből álló páncélt viselsz a legjobb próbálkozásként, hogy megvédd magad egy világtól, ami nem tűnik biztonságosnak.

De mennyire tudsz kiterjedni, amikor állandóan véded magad?

Épp úgy, ahogy reményeid szerint a tüskék távol tartják a bántalmazót, úgy most a párkapcsolatot, pénzt, klienseket és minden mást is egy „biztos" távolságban tartanak. Ezek a tüskék gátolják, hogy megkapd az életet, amire vágysz, mivel túl veszélyesnek tűnik befogadni bármit.

Mennyi mindent üldözöl most el az életedből ezekkel a tüskékkel?

És ahogy a láthatatlan tarajos sül tüskéi kifelé merednek, és az életben mindent (párkapcsolat, pénz, kliensek stb.) „biztonságos" távolságban tartanak, úgy merednek befelé is, hogy ne tudj előre haladni a saját életedben.

Egy ponton, vélhetőleg nagyon régen, megtanultad, hogy nem „biztonságos" előre haladnod. A próbálkozásodban, hogy elmenekülj a bántalmazásod elől, vagy mesélj valakinek róla, elképzelhető, hogy leváltál vagy elkülönültél. Mindenesetre otthagytad magadat, hogy megpróbáld biztonságban tartani magad.

Így hát folyamatosan szurkálod magad a saját tüskéiddel ítéletek formájában, valamint a sztorival, hogy nem biztonságos önmagadnak lenni. Kicsinek, vélhetőleg akár láthatatlannak is tartod magad, hogy megpróbálj elmenekülni mindennemű érzékelt veszélytől, ami „odakint" leselkedhet rád.

Akarod tudni, mi ebben a legfájdalmasabb?

Az egész életedet egy „felfegyverkezett és biztonságos" távolságra éled magadtól, így sosem fogadod be a *saját* szépségedet és potenciálodat, sosem tapasztalod meg a sebezhetőséged erejét.

A sebezhetőség az, amikor *önmagad* vagy a páncél nélkül, a védelem nélkül.

Ahhoz, hogy bízzak abban, hogy „biztonságban" lehetek, ha megszabadulok a páncélomtól, kapcsolatban kellett álljak terapeutákkal, gyógyítókkal és partnerekkel, végső soron pedig saját magammal. Idővel végül levedlettem a külső és belső tüskéimet is.

Ahogy a tüskéim feloldódtak, felfedeztem a sebezhetőség egy új szintjét, ami sokkal nagyszerűbb módon szolgált engem.

Ebben a gyengéd, nyílt térben olyan egységet tapasztaltam meg magammal és másokkal, amit nem ismertem előtte. Képes voltam kérni és befogadni azt, amire valóban vágytam, és sokkal elevenebbnek éreztem magam, mint előtte, hiszen végre teljes egészében befogadtam önmagamat és az életemet.

Felfedeztem, hogy a sebezhetőségnek ereje van, ami nagyban különbözik attól, hogy néz ki vagy milyen érzés „megacélozni" magam. Tulajdonképpen ez az erő a legjobb „védelem", amire valaha szükséged lehet.

Figyelmeztetnélek azonban...

Amikor lekerül a páncél, kissé „pucérnak" vagy kiszolgáltatottnak érezheted magad – és ez teljesen normális. Nincs semmi baj, csak a lágy, benső tered válik kiszolgáltatottabbá egy olyan életnek, ahol egységben vagy magaddal, a páncélon túl.

Van azonban még egy utolsó, átható aspektusa a láthatatlan ketrecnek, ami elzár a kiterjedés energiájától, hacsak nem tanulsz meg túllépni rajta.

ÍTÉLKEZÉSBŐL KEDVESSÉGBE

Az ítélkezés a kiterjedés ellentéte. Ez a zsugorodás és korlátozás egy formája, ami az önbántalmazás egy átható módja.

Amikor megítélsz valaki mást, valójában védekezel, leválsz, megtagadsz és elkülönülsz attól, amit nem vagy hajlandó meglátni magadban. Az ítélkezés rávesz, hogy továbbra is hazudj magadnak, és visszazár a bántalmazás láthatatlan ketrecébe, ami elzárva tart magadtól, másoktól, az élettől, és minden bizonnyal attól is, hogy azt az életet teremtsd, amire vágysz.

Amikor megítéled magad, a saját örökös börtönőröddé válsz, és még mélyebbre zárod magad a saját rosszaságodba. Az ítélet visszavisz a kényelmes tudatba (hogy mennyire „rossz" vagy), és garantálja, hogy sosem kell többé válnod annál, mint ami most vagy. Megszilárdítja a bántalmazás láthatatlan ketrecét.

Az ítélkezéstől kicsi és küszködő maradsz, áldozatszerű, erőtlen, felfegyverkezett és bénult. Ennek eredményeképpen leállsz a ketrecen túli teremtéssel és generálással; helyette lecsukod magad, és fenntartod a bántalmazás ördögi körét.

Hogy lenne ez kedvesség magad felé? Vagy bárki felé?

Az egyetlen módja, hogy a ketrecen túlra juss, a kiterjedés energiájába, ha túllépsz az ítélkezésen, ehhez pedig hat lépés segíthet hozzá.

6 LÉPÉS, HOGY HOZZÁFÉRJ AZ ÍTÉLETMENTESSÉG TERÉHEZ

1. Ülj le egy csendes helyen, csukd be a szemed, és vegyél pár mély levegőt
2. Terjeszd ki az energiádat a Földbe
3. Ajánld fel az ítéleteidet a Földnek, mint egy hozzájárulást
4. Nyílj meg és fogadd be a hozzájárulást, ami a Föld lehet számodra
5. Hozd vissza az energiádat magadba, az ítéletek nélkül
6. Figyeld meg, mire vagy éber

A Föld az egyetlen olyan hely, ahol az ítéletnek nincs keresnivalója. Újra meg újra visszatérhetsz ide, hogy elengedd az ítéleteidet, és megérezd a kiterjedés békéjét és lehetőségeit. Valójában kedvesség odaajándékozni az ítéleteidet a Földnek. Azáltal, hogy a Földnek adod az ítélkezés trágyáját, azzal új lehetőségeket termékenyítesz meg magadnak, és mindenki másnak is.

Az ítéletmentesség terében kedvesség van. A kedvesség az igazsága annak, aki vagy, és aki mindig is voltál.

A kedvesség egy generatív energia. Azt vettem észre, miután körbeutaztam a világot, és emberek ezreivel dolgoztam, hogy a kedvesség az, ami szükséges ahhoz, hogy átlendítsen az ítélkezésen, a bántalmazáson és a korlátozáson. Ez a generatív energia az, ami egy új életet teremt, a kiterjedés energiájával elhalmozva.

Gyakorlásképp, szánj egy percet arra, hogy elképzeled...

- *Mi történne ezen a bolygón 50 év múlva, ha a kedvességet választanád?*
- *Mi történne, ha elengednéd az áldozatszerepet, és a megerősítés útját választanád?*
- *Mi történne, ha letennéd a páncélt, és a sebezhetőség potenciálját választanád?*
- *Eltűnne a betegség?*
- *Enyhülne a konfliktus?*
- *Boldog lennél?*
- *Hogyan nyitna meg téged a kiterjedés energiája egy új lehetőségekkel teli világra?*

Van élet a bántalmazáson túl... túl a ketrecen, ami kicsivé és tehetetlenné tesz.

Nem kell olyan fiatalnak lenned, mint én voltam hét évesen, amikor bámultam a holdat, egy bántalmazáson túli életről álmodozva, hogy elkezdd használni a kiterjedés energiájának az óriási húzóerejét. Ez mindenkinek működik, nem számít, hol vagy.

Csak az kell, hogy válaszd, hogy játszol vele, és ez az, amiről a következő fejezet szól.

FEJEZET 7
JÁTÉK A FÉNNYEL

Minden egyes nap az univerzum fényével játszol.

— *PABLO NERUDA*

Az élet sokkal egyszerűbb – és szórakoztatóbb – tud lenni, mint amit a legtöbben kihozunk belőle.

Voltaképpen annyira egyszerű, hogy tulajdonképpen javarészt az egész 25 évnyi nem hagyományos, energetikai terápiás munkámat egyetlen főbb témára le lehet vezetni: kitaláljuk, mi nem működik az embereknek, képessé tesszük őket egy jobb választásra, hozzájárulunk a vágyaik aktualizálásához, és több lehetőséget generálunk, hogy megteremtsék álmaik életét.

Amikor ekként létezek, az eredmények lenyűgözőek.

És nem csak arról van szó, hogy boldogabbak az emberek, habár azok is. Ezen felül azonban a „problémáik" is – amiket a gyógyszereik, betegségeik, pénztelenségük vagy bármi más sugall – eltűnnek. Huss! Kész varázslat… és ehhez csak az kell, hogy hajlandó legyél választani magadnak, és behozni a játékosság megkövetelését és energiáját az életedbe. Szóval miért nem csinálják ezt többen?

Ez egy nagyon jó kérdés...

A munkám során azt találtam, hogy a legtöbb ember, akinek van bántalmazás a múltjában, nehezen játszik, szórakozik, és enged el. Nem arról van szó, hogy nem képesek rá – mindannyian képesek vagyunk rá –, egyszerűen csak a játék az ő fejükben összekapcsolódott valami egészen mással – valami „rosszal".

Például olykor a játék szexuális tevékenységbe fordult, ahol valami egyszerre érződött helytelennek, de jónak. Ez zavarba ejtő, mivel nem tudod igazán, mi helytelen, mi helyes, vagy hogy mi történik. Ez esetben a játék összekapcsolódik a szexuális szégyennel, egyfajta rosszaságérzettel, ami azt mondja: „Nem kellene ezt csinálnom", és minden, ami hasonlít erre – szórakozás, lazaság, könnyedség – egyenlővé válik a kontrolvesztettség érzetével, hasonlóan ahhoz, amit akkor éreztél, amikor bántalmaztak.

A valódi játék során az örömért és felüdülésért vágsz bele egy tevékenységbe, valami újat keltesz életre a képzelet, tevékenység, lehetőség, generálás és teremtés által.

A bántalmazás által a játék megváltozik, komollyá és praktikussá válik, arról fog szólni, „mi fog történni", ami aztán összezsugorítja – elvágja a bolondozás szabadságát és éberségét, akárcsak egy szabadon rohangáló gyerekéét.

Amikor gyerek vagy, nincsenek aggasztó gondolataid, és nem agyalsz azon, hogy valami rossz fog történni. Kevés dolog annyira szórakoztató, mint az ismeretlen tényező, a várakozás, a meglepetés. Melyik gyerek nem kérdezte buzgón: „Hoztál nekem meglepit?", miközben gyönyörködve, várakozással telve tapsikolt? Másrészt viszont annak, akinek bántalmazó múltja van, a meglepetés az utolsó, amire vágyik. A hiperéberség válik a jelmondatává, a háta mögé tekintgetés pedig a túlélés játékává.

A JÁTÉK RABLÓ BÁRÓJA

A bántalmazás bezár egy bizonyos testtartásba, zsugorodásba, illetve csak bizonyos módokon szabad cselekedned, hogy ne ütközz ismét bántalmazásba. Belesüppedsz a kikövetkeztetés, döntés, ítélkezés és megszorítás energiájába. Mint egy rossz ízületi gyulladás, olyan merevvé válsz, hogy eltessékeled magad mindennemű kreatív, generatív és áramló dolog elől. Beleragadsz abba, amit én csak a bántalmazás láthatatlan ketrecének hívok, amit a következő, *Fenéken billenteni a bántalmazást* című könyvemben részletezek.

Ebben a saját magadra kiszabott ketrecben nem szórakozhatsz jól, hiszen állandóan a következő katasztrófa bekövetkeztét várod. Az életed kormányzása olyasmivé válik, mint egy heves vadvízi evezés. Ebben az állapotban azon gondolkozol: „Miért történik ez velem? Minden csak küzdés. Soha semmi nem működik nekem, akármilyen keményen is próbálkozom. Miért olyan nehéz minden?”

A válasz az, hogy alapvetően bezáródtál a négy „pillérbe", avagy a négy „D"-be – amit a harmadik fejezetben ismertél meg –, amiből összeáll a láthatatlan ketrec: tagadás, védekezés, leválás, elkülönülés. Ezzel az élethez való hozzáállással még a legegyszerűbb kreatív elfoglaltság, mint például az egymagadban való túrázás sem jöhet szóba, hiszen túlságosan is hevesen éber vagy magadra egy olyan világban, ami túl veszélyessé vált számodra. Állandóan résen vagy, éber vagy rá, hogy bármely pillanatban megzavarhatják a biztonságodat vagy a kényelmedet, ami aztán rátelepszik a lényed más aspektusaira is. Mindent átitat – a testedet, a kapcsolataidat, a pénzedet, a szexualitásodat – összehúzva és összezsugorítva mindet, ahelyett, hogy új lehetőségekkel bővülhetnének.

Egészségügyi szempontból a testedben levő merevségnek és a bezártságnak komoly következményei lehetnek. A gördülékenység és a szabad áramlás hiányában a blokkok képesek szó szerint akadályozni a vérkeringést, megfosztani a szerveidet és más, létfontosságú alkotóelemeidet az oxigéntől, amire a testednek szüksége van ahhoz, hogy könnyedén funkcionáljon. Ez idővel tovább fajulhat krónikus állapottá, vagy elképzelhető, hogy mellékvese-, illetve endokrin rendellenességekhez vezet. Esetemben legalábbis így volt.

A kapcsolataidban talán hajlamos vagy olyan embereket választani, akik jobban rámutatnak a testedben jelen levő és beragadt bezártságra, mert ilyennek ismered, vagy legalábbis hiszed, hogy a kapcsolatoknak lenniük kell. Energetikailag olyan embereket választasz, tudatosan vagy tudattalanul, akik beszorítanak, azok helyett, akik neked és veled teremtenek lehetőségeket. Veszélyben van még a bevételed és a potenciálod is, hogy pénzt keress, mert szükséged van a biztonsági játékra. Jó példa erre például, hogy elfogadsz egy munkát, amit nem szeretsz igazán, de legalább ad egy fizetést, amire számíthatsz, még ha utálsz is bejárni minden egyes nap. Hol van ebben a választásban a szórakozás?

Mintha visszafelé élnél, az energiád ellen ahelyett, hogy a lehetőséggel haladnál előre. Az élet a „Milyen nagyszerű! Mi mást teremthetek?" helyett azzá válik, hogy: „Mennyire vagyok biztonságban?"

A játékot és a kreativitást a képzelőerő tüzeli, egy nyitott és kérdező elme, egy fesztelen tér, és valami generatívnak és kiterjedőnek a lehetősége. Ez éppenséggel az ellenkezője annak, ami akkor történik, amikor az elméd fogoly a bántalmazás láthatatlan ketrecében:

- Magas igény a struktúrára
- Kontrolláló
- Mindenre felkészült - Mindent tudnia kell
- Visszahúzódó és elkülönült
- Következtetés-orientált
- Alkalmazkodó
- Bizalmatlan az ismeretlennel
- Veszélyeztetett
- Hiperéberség

Az tartja mozgásban a teremtő erőidet, ha rátapintasz a puszta lehetőség szabadon áramló tudásának molekuláris energetikájára – ahol bármi lehetséges, és az egység a teremtés forrása.

A játékban rengeteg az ismeretlen és a hogyan lehetne még ennél is jobb? Bármint megteremthetsz, és mindent, amire csak vágysz. Azonban ha megtapasztaltad a bántalmazás bármilyen formáját, az a bizonyos „ismeretlen" félelmet válthat ki belőled, és elpusztíthatja a teremtést.

RADIKÁLIS ÉS ORGAZMIKUS ELEVENSÉG

Feltűnt, hogy egy gyerek mennyi ideig marad valamivel? Egyszerűen csak egyik dologról mennek a másikra – test és elme együtt –, teljes pillanatnyi jelenléttel. Az alapján választják ki a következő pillanatukat, hogy mi szórakoztató és izgalmas.

A munkámban én erre úgy utalok, mint radikális és orgazmikus elevenség, amikor is az egész lényed jelen van mindennel, amit csinálsz. Nem aggódsz a jövő, a számlák vagy a kinézeted miatt, és kézzelfogható a szórakozás és játék érzete a puszta jelenlétben.

A bántalmazó szituációkban egyáltalán nem akarsz ott lenni.

Az orgazmus nem csak a szexről szól... hanem az érzékiségről, a megtestesült élvezetről. Mi van, ha szeretnél megszagolni egy rózsát, vagy rózsákat venni magadnak, hogy szép színnel gazdagítsd az otthonodat? Mi van, ha szeretnél epret tenni a müzlidbe, és a puszta íze orgazmikus és ízletes? Ez kirobbanó és orgazmikus! A gyerekeknek nincsenek előre kitalált ötletei; nem fejlesztették ki azokat az elképzeléseket, amiket felnőttként tanultunk meg, és ami megakadályozza, hogy megtestesítsük a teljes élvezetet.

Ha pedig nem szeretnél a testedben lenni, szerinted az milyen hatással van, tegyük fel, egy szexuális és érzéki kapcsolatra? Nehéz kívánatos és orgazmikus szexuális kapcsolatban lenni, amikor annyira hozzá vagy szokva ahhoz, hogy magára hagyod a tested, hogy ne érezd, amit sose akartál érezni.

Akkor hát mit tehetsz azért, hogy teljesen a testedbe... és teljes játékba hozd magad?

KÉT LÉPÉSSEL A JÁTÉKBA

Amikor felnőttél, mondták valaha, hogy kérdezd meg magadtól: „Jól szórakozom most?" A legtöbb felnőttnek idegen fogalom valamit a szórakozásért választani, leginkább nem is opció. Ha sosem voltál a testedben, valószínűleg sosem adtad meg magadnak az esélyt, hogy kérdezz, és megkövetelj magadnak. Tudnád egyáltalán, mit kérdezz?

Az első lépés a játékhoz, hogy egyszerűen csak legyél éber rá, hogy valami nem működik neked, és engedd meg magadnak, hogy azt mondd: „Nem igazán tudom, mi folyik itt, de valami nem oké, és azt választom, hogy változtatok, még ha nem is tudom, mit kérjek." Pusztán ettől az éberségtől jelen leszel magaddal.

A következő lépés, hogy olyan kérdéseket teszel fel magadnak, amik a játék energiáját idézik fel, mint például:

- *Test, ez bulis nekem?*
- *Jól szórakozom most?*
- *Tanulok ebből valamit?*
- *Ez kiterjeszti a valóságomat?*
- *Hálás vagyok?*
- *Élvezem azt, ami most vagyok?*
- *Befogad engem ez az ember?*
- *Képes vagyok befogadni?*
- *Jól érzi magát a testem?*
- *Mi más lehetséges itt?*
- *Megtehetem, amit csak akarok?*
- *A szórakozással és játékkal teli valóságomat élem? - Mi mást választhatnék, ami játékosabb lenne?*

A játék energiája nem arról szól, hogy azt tedd, ami mókás volt gyerekként – hanem a szórakozás szelleméről, valamint a lehetőség játszóteréről, ami elérhető volt akkor, és most. Arról szól, mit tehetsz azért, hogy új lehetőséget teremts, és minden nap kikerülj a megszorításból.

Például ülhetnék a gépem előtt egész nap, e-maileket írva és embereknek válaszolva, de nekem ez nem igazán szórakoztató. Ami sokkal fergetegesebb, az az energiamunka, a Voice of America rádióműsor, ezeknek a fejezeteknek az írása, valamint az emberekkel való beszélgetés, lehetőségek teremtése. Azonban az életemben hosszú időre veszélyessé vált a játék, és sokkal merevebb voltam, jobban ráállt az agyam a formára és struktúrára. Ha valami ezt felborította, kiakadtam. Most már alig van struktúrám. Csak megyek a „mi van" energiájával, és hogy mire van szükség tőlem minden egyes nap.

Ez az, amit gyerekként csinálunk. Csak megyünk annak az energiájával, hogy mi lehetséges ma. Amikor bántalmazás történik, bezáródik, korlátozódik és beszűkül az ártatlan szabadságod és a lehetőségek játszótere. Szerencsére azonban van visszaút.

A KÖNNYEDSÉG IGAZ

Ami bulis az embereknek, az könnyű is; ez olyasmi, amit érezhetsz a testedben. A könnyedség olyan, mint az igazság – hiszen a legkiterjedőbb, legörömtelibb dolog, amit csinálni szeretsz, mindenkit könnyebbé tesz. Mindenki másnak is szórakoztatóbbá válsz.

A játék energiája arról szól, hogy felfedezed, mi a saját bulis valóságod - érzelmileg, pénzügyileg, kapcsolatilag, szexuálisan és másképp – azáltal, hogy felteszed a kérdést: „Test, mit szeretnél ma csinálni? Kivel szeretnél ma lenni? Kivel szeretnél lefeküdni? Mit szeretnél enni? Mit szeretnél teremteni? Az üzletednek melyik része kéri a figyelmedet ma?"

Ha a testem azt mondja: „Menjünk az edzőterembe", és én nem megyek, attól nagyon boldogtalanná válik. Edzőterembe menni egyfajta játék is lehet, a szellem és az energia megmozgatása. Vagy ha azt mondja: „Ezt edd meg", és én valami mást eszem, azzal felülírom őt. A lényeg az lenne, hogy hallgass a testedre, a suttogásai minden nap elárulják, mire van szüksége – valamint, hogy neked mire van szükséged minden nap –, és hogy kövesd is azt.

A játék energiáját minden döntésedbe beleviheted arról, hogy mi igaz a számodra. Hogyan? Nos, mi szórakoztató a számodra? Tedd azt!

A JÁTÉK SZÓRAKOZTATÓ SZÁMODRA!

Ettől tudod végigdolgozni a napot evés nélkül, majd felnézni és végiggondolni, hogy: „Ejha, ma még nem is ettem!" Jól szórakozol, hiszen odavagy azért, amit csinálsz. Energián élsz, pont úgy, mint a gyerekek, akiket állandóan emlékeztetni kell: „Most enned kell. Most menned kell aludni." A szabadság pillanatában léteznek, amiből ki kell kísérned őket.

A felnőtteknek általában újra kell tanulnia, milyen érzés a könnyű vagy nehéz, hogy amikor választás elé kerülnek, tudják azt a testükben. Ha bántalmazás történt, az beszivárog az energiádba, meggyalázza a teredet, és elérzéketleníti a tudatosságodat. Mindezzel együtt hogyan is tudhatnád, mi könnyű és nehéz a számodra? Csak azt ismered, mi szenvedés és rossz. A bántalmazás az egész életről alkotott képedet kifacsarja egy veszélyesebb, és nem túl szórakoztató nézetté.

Amikor éberré válsz arra, mi könnyű és nehéz neked, az lehetővé teszi, hogy megteremtsd azt, ami könnyű. Képzeld el úgy, mintha újrakalibrálnád a molekuláidat arra, amit azelőtt tudtak, mielőtt bántalmazták őket. Ha könnyű, kiterjedő és buborékos érzés, csináld. Ha nehéz és sűrű, tegyél fel még kérdéseket, és ne válassz, amíg meg nem jelenik a könnyedség. Sajnos túl sokan választjuk a nehezet és sűrűt a könnyű helyett, és így kötünk ki a pszichiátrián, gyógyszerezésre várva.

Csak emlékezz rá...

Ami könnyű, az igaz.

A szórakozás ott kezdődik, amikor megkövetelés vagy magadnak, mint a gyerekek, akik csak azt mondják: „Hé, csináljuk ezt", illetve: „Hé, csináljuk azt!" Természetesen felnőttként ennek van egy pragmatikusabb természete, de ha megtestesíted a játék energiáját, amiről itt beszélek, azzal kapcsolódsz a generatív, kreatív képzelőerődhöz. Ez a gyermeki ártatlanság, ami mindannyiunkban megtalálható, kortól függetlenül mindig a testünkben él.

Ez pedig annyira egyszerű, mint azt választani, hogy teljesen jelen vagy azzal, hogy azt csinálod, ami működik neked – a legkönnyebb és legkiterjedőbb módon.

10 MÁSODPERCES SZAKASZOK

Főleg, amikor még csak belekóstolsz, a „könnyű és nehéz" eszköz kifejezetten hatásos, amikor kombinálod a 10 másodperces szakaszokban való választással. Ez azt jelenti, hogy 10 másodpercenként választasz, így megadod magadnak a szabadságot, hogy meggondold magad, és ráhangolódj arra, mi igaz neked bármely pillanatban. Ez egy játék.

A 10 másodperc szépsége kettős: 1) több szabadságba kóstolsz bele, és 2) több intimitást fedezel fel magaddal. Ha olyasmit választasz, ami nem működik neked, akkor a következő 10 másodpercben újra választasz. Minden egyes választás éberséget ad neked arról, mi működik neked, figyelembe véve, hogy ami működött tegnap, nem biztos, hogy működni fog a jövő héten, vagy ami működött neked egy órája, nem biztos, hogy működni fog most.

Ha sosem éltél még 10 másodperces szakaszokban, könnyen elképzelhető, hogy igen gyakran fogsz oda-vissza ugrálni a szabadság és a megszorítás között. Nekünk azonban csak egy fokos eltolódásra van szükségünk ahhoz, hogy változtassunk. Kiépíted, mint egy izmot.

Olykor megkérdeznek, hogyan illik bele a képbe a szándék. Nos, ha 10 másodperces szakaszokban választasz, nem igazán tudsz beleragadni egy szándékba. Ez sokkal inkább az élvezetről szól, ahol tudod, hogy ha örömteli, játékos életet élsz, az boldogságot teremt – és azt mondanám, hogy a boldogság és a tudatosság a legnagyobb célkitűzés ezen a bolygón.

Csak gondolj bele, mennyi boldog embert ismersz. Észrevetted valaha, hogy minden örömmel, könnyedén és ragyogva árad feléjük?

Amikor boldog vagyok, minden működik. Amikor a játékossággal átitatott energiámban vagyok, csak a kiterjedésre és lehetőségre fókuszálok. Csak jelen vagyok, és minden egyes pillanatot egy újabb generálás és teremtés lehetőségeként élvezek ki ezen a bolygón, egy vadonatúj valóságért – egy olyan valóságért, ami örömöt, élvezetet, lehetőséget, játékot és boldogságot szül. Ez a valóság nagyon különbözik azétól, akit bántalmaztak, és azt gondolja: „Minden olyan nehéz, és nem számít, milyen keményen próbálkozom, vagy mennyit teszek érte, soha semmi nem változik meg nekem.”

FEJEZET 8

A JÁTÉK PRAGMATIKUS

A játék energiája nem csak a szórakozás – hanem a
gyakorlatiasság is. Ez minden bizonnyal működött Warren
Buffettnek, akit a Carol Loomis szerkesztésében összeállított,
Beszteppelek a munkahelyemre című könyve[1] alapján az
motiválta, hogy jól szórakozzon, nem pedig a pénzkeresés.
Rengeteg kliensem volt, akik olyasvalamiért hagyták ott a
munkahelyüket, amit tényleg szerettek, és amikor ezt meglép-
ték, a három-négyszeresét keresték meg vele, mint előtte.

Amikor a tested megmondja, mit akar, és te megteszed, ami
felbukkan az életedben, az sokkal könnyebb és szórakozta-
tóbb lesz. Azáltal, hogy hallgatsz arra, mi igaz a számodra, és
azt helyezed előtérbe, azon ügyködsz az univerzummal, hogy

---

1. Tap Dancing to Work (szerk.: Carol Loomis), 2012

77

könnyebbé tedd az életedet – csupán csak azért, mert azt csinálod, ami bulis neked.

Ha pedig valami nem működik a valóságodban, azt felszámolod. Ez nem azt jelenti, hogy nem fizeted be a számláidat, hanem keresel egy másik, szórakoztatóbb és örömtelibb módot, hogy gondoskodj a dolgaidról.

A számláim például automatikus fizetésre vannak állítva a bankban, mert nekem nem bulis időt szánni rá, hogy minden hónapban kisakkozzam. Tudom azonban, hogy minden nap, minden hónapban elintézik – és ez bulis, így amikor túlteremtettem a számlákon, befizetem őket. Szeretem, hogy sosem kell aggódnom azon, hogy elkések bármivel; nem ebbe szeretném fektetni a figyelmem, azt szívesebben fordítom arra, hogy egy új lehetőséget teremtsek, és ha ez túlmutat azon, amim jelenleg van, tisztában vagyok vele, hogy szabad akaratom van abban, hogy menjek és megteremtsem rá az extra pénzt.

A HÍD A RADIKÁLIS ELEVENSÉGBE

A Live Your ROAR (Éld meg az ÜVÖLTÉSED) mozgalom katalizátoraként a célom az, hogy felszámoljam a bántalmazás minden formáját ezen a bolygón, két átívelő módszer által: beazonosítani a bántalmazás láthatatlan ketrecét, és a radikális elevenségbe vezető „híd" átíveléséhez irányítani az embereket.

Emlékezz, a radikális elevenség négy összetevőből, a „4 C"-ből áll: válassz magadért, köteleződj el magad mellett, működj együtt az univerzummal és tudd, hogy azon ügyködik, hogy megáldjon téged, valamint teremtsd az életet, amire vágysz.

A radikális elevenség bulis!

Akkor íveled át ezt a hidat, amikor belépsz a játék szellemébe, és azt választod, ami bulis neked. A játék energiájának célja, hogy magadat helyezd előtérbe.

Ha nem vagy hozzászokva ehhez, az ötlet, hogy magadért válassz, egy radikálisan új perspektíva lesz. Minden bizonnyal azok, akiket bántalmaztak, a leginkább zavarodottak ettől az elképzeléstől, hiszen mindenki mást maguk elé helyeznek – ők nem is léteznek.

A játékkal azonban elérheted, hogy visszanyerd a kifejezés szabadságát.

A szándékon és célon túl az fog lehetőségre nyitni téged minden pillanatban, ha megtanulsz a játék energiájából választani magadnak, és ez egységbe is hoz az egész élettel a könnyedség, öröm és ragyogás egy teljesen új szintjén.

A következő fejezetben bemutatom neked a szellem és tudás energiáját – minden gyerek egy belső, tudattalan részét, amit bántalmazás ide vagy oda, általában elhagyunk a felnőtté váláshoz vezető úton.

Hiszen látni fogod, hogy minél inkább megbarátkozol ezzel a veled született energiával, és használod, annál könnyebb lesz belelépni a játék szellemébe.

FEJEZET 9

NYOLC AZ ARC A HOLDON

Szép lassan beleszerettem a Holdba, hiszen hűségesen megjelent, estéről estére.

— *ISMERETLEN*

Míg gyerekként egy rendkívül erőszakos és bántalmazó háztartásban nőttem fel, a szobám volt a menedékem. Ez volt az egyetlen hely, ahova el tudtam menekülni az otthonom őrültségei elől. Minden este az ágyam melletti kis ablakon bámultam órákon át térdre ereszkedve a Holdat, amikor előbújt, és csak sütkéreztem a gyönyörű arcban, ami visszanézett rám, és éreztem a mosolygó energiáját, ami azt üzente, hogy minden rendben van.

Egy éjjel, a Holddal való hosszú párbeszédem után emlékszem, hogy ahogy megfordultam, a szobám a szivárvány minden színében úszott, tele tündérekkel és angyalokkal, amiket most istenekként és istennőkként, entitásokként és istenségekként ismerek, akik vadul bulizva táncoltak köröskörül – az együttérzés rózsaszín fényében, a kreativitás kékjében – mind csupán azért, hogy megtapasztaljam.

Egyre több időt töltöttem a varázslatos energiák különleges világában, és mindenféle információt kaptam arról, hogy mire legyek éber, a képességekről, amiket birtokoltam, és hogy mennyire különleges és más vagyok ebben az életben. Ezek a másvilági lények a barátaimmá és játszópajtásaimmá váltak, és voltak éjszakák, amikor már alig vártam, hogy a szobámba menjek. Mindig is tudtam, hogy elérhető valami más, így nem féltem ettől a birodalomtól, aminek ráadásul több értelmét láttam, mint a jelenlegi valóságomnak, még ha ez meg is hazudtolta a hétköznapi időt és teret.

Arra jöttem rá, hogy lehetséges valami más, és semmilyen őrültség nem lehetett hatással rám, amíg ebben az energiában úsztam. Azóta tudom, hogy az a feladatom az életben, hogy hidat képezzek a szellemvilág és a fizikai világ között, és hogy rátapintsak az ATP teremtő energiájára. Az ATP (adenozin-trifoszfát), avagy szellem energia, ahogy én hívom, biztosítja számunkra mindennek az energiáját, és megtalálható a testünk minden egyes sejtjében... beleértve az univerzum és a Föld energiáját, amin élünk.

A SZELLEM ÉS A TUDÁS ENERGIÁJA

Mi ez az energia, amihez mindnyájan fordulhatunk, és társaloghatunk vele? Mi ez a szellem, ami mindenen áthalad... ami mindent megteremt?

Manapság, amikor a szellemre gondolok, nem a tündérekről, angyalokról vagy entitásokról beszélek, hanem valami olyasmi jár a fejemben, mint amit Amma (egy spirituális gyógyító, akivel 15 évet töltöttem egy spirituális közösség részeként) mondana – a gyermeki energia, ami mélyen bennünk lakozik, az Isten.

A szellem energiája nekem olyan, mint az ATP (adenozintrifoszfát) molekula, ami a testünk minden egyes sejtjét ellátja energiával, és amit szó szerint az élet energia-pénznemének hívnak. Ez a szellemi energia, ami a testünkben van, és ami mi mind vagyunk.

Volt idő, amikor kifejezetten boldogtalan voltam az életemben, rengeteget ittam, keményen depressziós voltam, és semmi nem működött. Borzalmasan és szörnyen egyedül éreztem magam belül, mintha minden csak megtörténne körülöttem, és én semmihez nem kapcsolódnék.

Egy este, amikor ittam, eldöntöttem, hogy egyszerűen csak kicsekkolok és kész. Nem állt szándékomban, azonban amikor láttam a közelgő buszt, leléptem a járdáról, hogy közvetlenül elé kerüljek, amikor is azt éreztem, hogy valami megragadja a vállamat, és visszahúz. Sokkot kaptam. Körbenéztem, de senki vagy semmi nem volt ott, és abban a pillanatban tudtam, hogy valami vagy valaki mindig is támogatott. Nagy szükségem volt már rá, hogy felnyissák a szemem, és emlékeztessenek, hogy létezik valami jóval túl ezen a valóságon, ami kapcsolatban áll velem, és többet meg kell tudnom erről. Olyan sokszor éreztem az utam során, hogy megtartanak és elvezetnek oda, ahol most vagyok.

Miután pszichoterapeuta lett belőlem és beindítottam az üzletemet, levert egy életveszélyes betegség, és a saját gyógyulásom érdekében elkezdtem használni a Theta Healing® technikát, ami teljesen megváltoztatta a praxisomat, hiszen itt tényleg dolgoznod kell a szellemed tudásával. Minden nap ültem az irodámban a klienseimmel, és ahogy Sheryl Sandberg, a Facebook ügyvezető igazgatója és a bestseller könyv, a

Dobd be magad! szerzője mondaná, „bedobtam magam", hogy meghalljam a szellem energiáját, a tudás energiáját.

Olyan információval álltam elő, amiről tudatosan lehetetlen lett volna tudnom, a klienseim pedig gyakran néztek rám sokkoltan. Azt kérdezték: „Ezt meg honnan tudtad? Honnan tudhatnád ezt? Honnan szerezted ezt az információt? Én nem mondtam el neked." Nekem pedig figyelnem kellett rá, hogy óvatosan bánjak a tudásommal, hogy ne terheljem túl őket azzal, amire rá tudtam tapintani a szellem energiája által.

Abban az időben olyan eszközöket használtam, mint az izomtesztelés, később pedig az Access Consciousness-ből a „könnyű és nehéz", hogy segítsek a klienseimnek a testükön keresztül ráérezni a saját tudásukra, és hogy megerősítsem őket abban, hogy tudják, amit tudnak. Tisztává vált számomra, hogy egy csatorna voltam, egy üreges nádszál az irodámba érkező embereknek (minden, ami keresztüláramlik rajtam, neked szól, ítélet és nézőpont nélkül), a más birodalmakhoz, valóságokhoz és energiákhoz fűződő kapcsolódásomnak köszönhetően.

Jóval a Theta Healing® előtt is mindig az volt az érzésem, hogy van egy részem, ami egyedi és szokatlan módon kapcsolódik az emberekkel. Én tudtam ezt, ahogy a klienseim is. Olyanokat mondtak, hogy: „Soha nem volt még ennyire más tanácsadóm. Máshogy csinálod a dolgokat. Sosem éreztem még így magam."

Hiszem, hogy az „arc a Holdon" energiájára való éberségemnek hála rendelkezem ezzel a képességgel, a mindenben megmozduló energiára való éberségemnek hála, beleértve a hitrendszereket, hiszen éber vagyok rá, hogy a testünk szervei elraktározzák ezeket a hiteket, amelyek cserébe megformálják a testünket, és az egész valóságunkat. Abban is hiszek, hogy ezek a valóságok megváltoztathatóak, átalakíthatóak és meggyógyíthatóak, amennyiben valami ezen a valóságon túli éberséggel működünk együtt.

Ilyen módon ébernek lenni azt jelenti, hogy együttműködünk a Földdel és a benne rejlő molekulákkal, ami semmiben nem más, mint a testünk molekulái, amik tartalmazzák az ATP-t, a testünk erőművét.

Az energia és a tudás szellemének e korai megtapasztalásának, és a kapott információnak hála mindig úgy éreztem, hogy az a feladatom az életben, hogy áthidaljam ezt a két világot – a szellemit a fizikaival. Valószínűleg nem véletlen, hogy Nyilas vagyok, amit egy íjász képvisel, akit egyszerre emberként az ég felé nyilazva, valamint lóként leföldelve ábrázolnak. Én vagyok a híd az emberek számára a jelenlegi valóságunk és aközött, mi más lehetséges más világokban.

Magamat is beleértve, minden klienssel, akivel dolgozom, azt a leszakadt részünket keresem, ami gátolja a képességünket, hogy hozzáférjünk a saját tudásunkhoz, illetve a szellemünk energiájához. Ez jelentheti, hogy visszamegyünk nagyon fiatal korba, és kinyomozzuk, hol vannak még beragadva egy bizonyos jelenetbe, akárhány évesen is történt. Segítek nekik egyenesen a belső gyermekük szemébe nézni, hogy megszerezzék az információt arról, ami beragadva és levágva tartja őket saját magukról, valamint felfedezni az ott jelen levő érzelmet – a félelmet, haragot, szégyent –, majd elismertetni azt a felnőtt énjükkel. Mindez szemtől szemben történik.

Amikor elmondtak mindent, amit abban a pillanatban el kellett, mindig megkérem őket felnőttként, hogy nyújtsák ki a kezüket a gyermek felé. Ezt olykor megfogják, míg máskor nem, de végül elérjük, hogy a gyerek elfogadja, akár az adott kezelés során, vagy egy másikban. Gyakran azt kérdezi: „Bízhatok benned?" Lényegében „találkoznia" kell a felnőttel, ami nekem olyan, mint találkozni a saját szellemünk energiájával, vagy egy belső szövetségesünkkel. Ez a szellem valódi egysége.

Amikor visszatérnek ebből a jelenetből, sokszor egy szivárványlift hozza vissza a csoportba vagy az irodába, ahol vagyunk mind a jelenetbéli gyereket, mind a felnőttet, majd beintegráljuk a gyermeket a mostba. Minden esetben azt mondják a felnőttek, hogy ez az élmény alapjaiban változtatta meg őket. Többé nem akadnak ki olyasmin, ami azelőtt zavarta őket, ahogy ez látható az alábbi visszajelzés kivonatából is, amit egy kliensemtől kaptam:

Rengeteg dolgot próbáltam már ki, hogy megváltoztassam az életem minden aspektusát, ami nem működött. Elképesztően frusztrált voltam, gyakran hajszálnyira a feladástól, tanfolyam után tanfolyamra jártam, használtam a kapott eszközöket, amikről tudtam, hogy olyan dinamikusan kellene működniük, mint másoknak, csak azt nem értettem, hogy ez miért nincs így nálam. Rengeteg sok facilitátorral dolgoztam együtt, némelyikük sikeresen eltámogatott a határára annak, hogy belenézzek a traumába és bántalmazásba, hogy aztán magamra maradjak, miután az abúzus ajtaja kitáródott, mivel a facilitátor tényleg nem tudta, mire van szükség, miután kinyílt az ajtó. Borzalmas volt ez számomra, és sok időbe telt, mire egyáltalán újra hajlandó voltam próbálkozni...

Ahogy hazaindultam a tanfolyamról, észrevettem, hogy a felszínes légzés helyett, amivel egész életemben együtt éltem, a lélegzetem egészen a testem mélyéig hatolt, mintha most először végre a saját testemben élnék. Teljesen más érzés a testem. A lényem sokkal jobban kapcsolódik a testemhez, és minden lágyabb. Rendkívül hálás vagyok, hogy biztosítottad a teret; hogy elhoztad minden nagyszerű készségedet, hogy segíthess újra felvennem a kapcsolatot önmagammal. Tudom, hogy a dolgok soha nem lesznek ugyanolyanok, ahogy azt is, hogy az ajándék, ami vagyok, minden pillanatban elérhető.

Ez a szellem energiája, és ez az, amit csinálok. Előhívom ezeket az elveszett gyermekeket – ezeknek a nagyszerű lényeknek a lélekrészeit – és újra összekapcsolom őket „a mélyen bennünk lévő gyermeki ártatlansággal, ami Isten", előhozom őket, lehetővé téve, hogy minden pillanatban teljes választása, totális ereje és kapacitása legyen ennek az emberi lénynek, hogy együttműködhessen mindennel.

A szellem és tudás energiája nélkül úgy érzed, a kezedben tartod a használati útmutatót, de hiányzik minden alkatrész. Nem érzékelheted a szellem egységét, hiszen befészkelte magát az elkülönülés.

Egy ilyen munka alkalmával azonban, mielőtt hozzáférnék a gyerekhez, el kell törölnöm az ítélkezést, hiedelmeket és megtestesüléseket, amiket az előttem álló ember – a felnőtt – önmagával azonosított. Amikor a testből kiürülnek a hiedelmek és ítéletek, amelyek sosem voltak az övé, mint például a szülők, nagyszülők kulturális hitrendszerei, fogadalmai és/vagy kötelezettségei, általában ekkor találok rá az olyan jelenetekbe beragadt gyerekekre, akik nem tudták, mitévők legyenek abban a helyzetben. Amikor az egyik részünk lelép, míg egy másik részünk beragad egy jelenetbe négyéves korunkban, egy lélektani kompenzációs mechanizmus lép érvénybe. Ez a részünk nem hal meg vagy hagyja el a jelenetet, hanem a konyhában vagy a hálószobában ragad, vagy akárhol is zajlott a jelenet.

Mindenféle jelenetben előfordulhat ez. Ez lehetett egész egyszerűen egy egymással kiabáló anya és apa, aki elhagyással fenyegetőzik, ám amit a gyerek hall ilyenkor: „Ó, te jó ég, az egész biztonságomat veszélyeztetik." Ezzel pedig nem tudnak mit kezdeni, avagy beszélni róla, így hát elkülönítik magukat, a hálószobai szekrénybe bújnak.

Negyven évvel később pedig terápián vesznek részt, és ez a jelenet áll a problémájuk középpontjában.

Szerencsére nem kell beragadásban maradniuk, és részben ez az, amiről a munkám szól: megyek és visszaszerzem velük azt a részt, ami nem igaz, miután elengedtük és elismertük, bármi is hozta létre az elkülönülést, ahogyan azt is, amit bevettek ebből az elkülönülésből. A probléma ez volt: nem abból az egységből teremtették az életüket, amik ők valójában. Egy trauma vagy sokk által létrehozott részükből tették ezt.

Amikor visszahozzuk ezt a másik részt, azt érzik, amit a kliensem érzett – hogy minden megváltozott, és semmi nem lesz már ugyanolyan. Most már kapcsolódnak a saját szellemükhöz, energiájukhoz és a saját végtelen lényégükhöz, ami fenomenális és varázslatos, így hát tele vannak lehetőségekkel és totális választással, akármilyen mély vízbe is kerülnek. Többé már nem a nem-választás univerzumában élnek.

Van más lehetőség.

Hogyan kapcsolódjunk a szellem egységéhez?

KAPCSOLÓDÁS AZ EGYSÉGHEZ

A szellem energiája az a rész, amit sok néven hívunk – Isten vagy univerzum, végtelen tudás stb. –, és ez az, amit valami különállóként érzékelünk, ami megajándékoz minket és velünk együttműködve ügyködik. A tudás energiája bensőséges; ez adja az intuitív képességeinket; ez az érzékelésünk, tudásunk és létezésünk.

Tanfolyamokon és terápián kívül is elérhetőek gyakorlatok ahhoz, hogy éberebbé váljunk ezekre az energiákra – lépések, amiket te magad is megtehetsz, hogy összekapcsolódj a belső teljességeddel:

Menj ki a szabadba

A sportban való részvételem volt az egyik dolog, ami egyben tartott, miközben felfedeztem az utam a szellemhez. Amikor fociztam, túráztam, kerékpároztam, felfutottam a hegy tetejére, erősnek éreztem magam, fürgének, és szabadnak a testemben és annak a tudásában, hogy bármire képes vagyok. Nem volt határa a mozgékonyságomnak és a képességemnek, hogy egységet képezzek a testemmel, valamint a Földdel. Mozgás után békét éreztem, ami úgy szólt: „Minden rendben van."

Amikor ennek a térnek az energiájában vagy, minden lehetséges, és kiterjedhetsz az univerzummal, és eggyé válhatsz a molekulákkal. Lényegében ez arról szól, hogy hálát adsz a Földnek azáltal, hogy valahogy kimozdulsz a földön.

Szóval nosza, menj és... ölelj meg egy fát. Sétálj mezítláb, miközben meditálsz. Vidd közelebb a tested és a lényed a Földhöz, és lélegezd be.

Az én drága nagymamám – A befogadás művészete

A nagymamám nyitott teret a világomban arra, hogy nagyobb teljességben befogadjam az önmagamként létezés energiáját.

Amikor kisgyerek voltam, a nagymamám volt az egyetlen személy, akivel jól éreztem magam. Minden egyes nap elkísértem a templomba, amikor nála voltam, ő pedig elmondta az imáit a padban.

Egy nap azt szavalta: „Egy napon a lelkem és én meggyógyulunk." Na most az imakönyv nem említett „lelket", ő azonban hozzátette, és amikor meghallottam a „lélek" szót, azonnal felnéztem rá, és elkezdett sípolni a fülem, mintha csak azt kérdezné: „Mi az a lélek?" Visszanézve felismerem, hogy az egész életem egy nagy küldetés volt a lélek és a szellem irányában, amit először azok a nagyon régi, bevezető élmények nyitottak meg a Holddal.

Nagyon megnyugtattak ismétlődő szavai, ahogy nagymamám lábánál ülve újra meg újra lekövettem az erek vonalát a kezén, miközben hallgattam az állandóan elhangzó énekeket, imákat és zsoltárokat. A „vallásán" át megnyíltam az éberségemre, érzékelésemre, tudásomra, ami elérhetővé tette számomra a létezés luxusát. Mindannyiunknak szüksége van legalább egy személyre magunkon kívül, aki valamiképpen visszatükrözi ránk a ragyogást, ami vagyunk. Ezek a pillanatok áthatják az ezen a valóságon túli tudásunkat. Onnantól kezdve pedig tényleges valójában választjuk az egységet.

Kérdezz

Ha emlékszel, a második fejezetben említettem a kérdezés fontosságát, mint az univerzummal való együttműködés módját. Kérdezni és kérdésben lenni a tudásodhoz való kapcsolódás velejárója. Ez lehet annyira egyszerű, mint az életed következő lépése után érdeklődni, vagy hogy mit szeretnél valójában.

Én úgy vettem észre, hogy ami az én életemben működik, és összeköt a szellem és tudás energiájával, az az, hogy úgy fókuszálok a célomra, hogy felteszek egy rakat kérdést és szófordulatot. Valójában minden reggel eléneklem őket egy dalban:

- *Ki vagyok ma?*
- *Milyen nagyszerű és ragyogó kalandban lehet ma részem?*
- *Mi más lehetséges még?*
- *Hogy lehetne még ennél is jobb?*
- *Univerzum, mutass ma valami szépet!*
- *Milyen energiát, térűrt és tudatosságot teremthetek ma magamban?*

- *Milyen hozzájárulás lehetek, és fogadhatok ma be a szellemtől/ tudástól?*

Valami szórakoztatót is hozzá szoktam adni, mint például: „Mit tehetek vagy testesíthetek ma meg, ami több játékot, bulit és örömöt teremt most azonnal?"

Néha pedig az üzlettel kapcsolatban kérdezek magamtól:

- *Mi kellene ahhoz, hogy anyagilag túlteremtsem ma magamat?*
- *Mire van ma szüksége tőlem az üzletemnek?*
- *Mit szeretne ma csinálni? - Kivel kell ma beszélnem?*

Az egészségemért megkérdezhetem:

- *Hogyan szeretne ma mozdulni a testem?*
- *Hogyan szeretne ma táplálkozni a testem, ami feltölt energiával és könnyedséggel?*

Köszönettel tartozom az Access Consciousnessnek és az alapítóinak, Gary Douglasnek és Dr. Dain Heernek, hogy hozzájárultak a „szellemem dalához" a kérdésmódjukkal, ami frissen és elevenen lehetőségben tart nap mint nap.

Szabad elengedni

Olykor el kell engedned dolgokat, amik nem működnek, és azt mondani: „Oké, megadom magam annak, ami túlmutat rajtam." Valamilyen szinten az egész teremtés folyamata egy nagy elengedés – olyan dolgok iránti ragaszkodás elengedése, amire vágysz. Az elvárás, döntés, ítélkezés, következtetés és kivetítés hajlamos semmibe venni a tudásra, érzékelésre és befogadásra való képességedet.

Tudom, hogy egy olyan univerzumban élünk, ami azon ügyködik, hogy megáldjon minket. Nem számít, időnként mennyi bántalmazást szenvedtem el, vagy mennyire nem akartam élni, a tudásom energiája volt az, ami hajtott előre, ami átnavigált a kanyargós vizeken, hogy átjussak a túloldalra, és képes legyek valami értékeset kínálni, segíteni oly sok másnak.

A legtöbb ember el van veszve ebben a valóságban, és terápia, meditáció vagy spirituális közösségek után kutat, hogy kapcsolódjon az energiához, amit oly tisztán láttam hétévesen. Én is végigjártam ezeket, hogy meggyógyuljak és mélyebben kapcsolódjak. Így hát azon tűnődöm...

Ez egy kérdés vagy felhívás, ha úgy tetszik.

Amikor ki tudod terjeszteni az energiád, hogy magába foglalja a közös munkát a Föld szellemével, az univerzummal és a saját tudásoddal, hogy együttműködj mindezzel, olyankor mi mást vagyunk képesek megteremteni együtt, hogy mindig, mindenhol, minden szituációban a szellem energiájaként létezzünk, akár teljes mértékben támogatva érezzük magunkat, akár nem?

És mi kellene hozzá, hogy a szellem energiája egészen mélyről előbukkanjon belőled, és az életed katalizátorává váljon most és mindörökké?

Hiszen a világ *igenis* rád vár.

A következő fejezetben megosztok veled pár lépést, valamint néhány egyszerű, de nagyszerű tippet, amit már ma gyakorlatba ültethetsz, hogy támogasd a valódi boldogság megtapasztalását az életedben. Klienseim ezreivel osztottam meg ezeket a lépéseket.

Hidd el nekem, működnek.

A BOLDOGSÁG KULCSA BENNED LAKOZIK: AZ ÉLETBEN RENGETEG DOLOG ELŐL ELFUTHATSZ,

de nem futhatsz el saját magad elől. A boldogság kulcsa pedig, hogy megértsd és elfogadd magadat. - Dale Archer

Jó pár lépést megtettem azután a sorsdöntő nap után az egyetemen, hogy a professzorom felvette velem a kapcsolatot. A boldogság nem egyik napról a másikra talált meg. Ahogy már említettem, két évtizednyi bántalmazáson kellett túltennem magam ahhoz, hogy őszintén azt mondhassam, valóban boldog vagyok. Örömtelinek, könnyednek és szabadnak érzem magam.

És te is érezheted így magad.

Akár küszködtél bántalmazással, akár nem, ha ezt a könyvet olvasod, megvan az esélye, hogy van valami az életedben, ami csapdának tűnik, egy ketrecnek, vagy valamiképpen kizárva érzed magad a boldogság lehetőségéből. A jó hír az, hogy ennek a cellának a kulcsa benned lapul, én pedig segíthetek megtalálni és használni azt.

1. LÉPÉS: ISMERD EL A BOLDOGTALANSÁGODAT

A boldogság az, amikor teljes egészében látod magadat.

Attól, hogy figyelmen kívül hagyod a boldogtalanságot, még nem tűnik el, sőt, gondoskodik róla, hogy sokkal tovább maradjon veled, mint szeretnéd. Pont olyan, mint egy nem kívánt vendég egy buliban: ha nem veszel róla tudomást, máris felfordulást okoz!

Tagadhatod, hogy boldogtalan vagy, mivel zavarban vagy, netalántán szégyelled bevallani másoknak, mennyire boldogtalan vagy. Nem vagy ezzel egyedül, én rettegtem bevallani a boldogtalanságomat másoknak.

Azonban amikor letagadod a boldogtalanságodat, azzal azt mondod magadnak, hogy nem számítasz. *Valójában ez az elhanyagolás és a bántalmazás egy formája.* Képzeld el ezt a boldogtalan énedet, amit magára hagytál a szekrényben, a sötétben. Megtennéd ezt egy kisgyerekkel? Akkor ne tedd ezt magaddal.

Amikor elismered a boldogtalanságodat, megbecsülöd a tapasztalatodat; megbecsülöd magadat. Tudatod magaddal, hogy: „Hékás, számítok." Ez a lehetőségek egy egészen új birodalmának nyit teret, hogy mi lehetsz vagy mit tehetsz innentől kezdve.

Ez segít elkezdeni felépíteni a hidat az elméd és a tested között. Így hát ahelyett, hogy magára hagynád azt a boldogtalan énedet a szekrényben, teljes egészében bekapcsolódsz, és elérhető vagy. Ez megalapozza a sikeredet.

2. LÉPÉS: VÁLASZD A BOLDOGSÁGOT

A boldogság az, hogy csak azért választod, mert bulis.

A húszas éveim elején nem gondoltam volna, hogy az élet valaha is bármivel jobb lesz. Nem hittem, hogy valaha boldog lehetek. Azt gondoltam, a boldogság csak másoknak érhető el. Amikor lediplomáztam, tudtam, hogy nem térhetek vissza a házba, amiben felnőttem. Tudtam, hogy megölne, mégsem voltam biztos benne, mihez akarok kezdeni.

A professzorom ihletésére úgy döntöttem, Arizonába költözöm, és egy ifjúsági válságmenhelyen fogok dolgozni. Olyan közeget választottam, ahol tudtam, hogy változást hozhatok. A menhelyen keresztül dolgoztam együtt gyermekvédelmisekkel, hogy biztonságos otthont, oktatást és étkezést biztosítsunk olyan gyerekeknek, akiket erőszakos otthonokból távolítottak el. Ezeknek a gyerekeknek a tanácsadója is voltam. Azt akartam, hogy minden egyes gyerek tudja, hogy biztonságban van, szeretik, és vigyáznak rá. Azt akartam, hogy aggodalmak és félelmek nélkül tudják álomra hajtani a fejüket este.

Boldogsággal töltött el, hogy segíthettem ezeknek a gyerekeknek.

Azáltal, hogy a szövetségesük voltam, a saját szövetségesemmé is váltam. Ahogy megadtam magamnak a szeretetet és törődést, amit sosem kaptam meg, mialatt felnőttem, rájöttem, hogy képes vagyok más választásokat hozni magamért.

Azok a fájdalmas, régi minták, amikben éltem, és amikre támaszkodtam azelőtt, szép lassan halványulni kezdtek, ahogy elkezdtem másképp választani. Például ahelyett, hogy megpróbáltam volna ivásba vagy drogozásba menekülni, választhattam olyan tevékenységeket, amik jólestek. Az alapján választottam, hogy *most* mi akarok lenni, mit akarok tenni, nem pedig, hogy mi mindent tettem ezelőtt.

Ténylegesen választhattam a boldogságot.

Neked is van választásod, pont így választhatod a boldogságot azáltal, hogy behozol valami szórakoztatót az életedbe, ami felvillanyoz, és boldogsággal tölt el.

Mi lehet ez neked? Egy hobbi? Edzőterembe járni? Egy táncóra? Önkénteskedés? Mi az a dolog ott az elméd hátsó szegletében, aminek semmi értelme, mégis tudod, hogy boldogsággal töltene el? Ez lehet olyasmi, amit csináltál már gyerekként, vagy olyasvalami, amit sose csináltál azelőtt, és elképzelni sem tudtad, hogy valaha kipróbálod majd.

Akármi is ez, elképzelhető, hogy ez a boldogságod kapualja.

Válaszd.

Válaszd a boldogságot.

3. LÉPÉS: ENGEDD EL A BOLDOGTALANSÁGHOZ VALÓ FÜGGŐSÉGED

A boldogság az, hogy teret adsz a könnyedségnek.

Sajnos sok ember függ a saját boldogtalanságától. Ez őrülten hangzik, nemde? Miért *választaná* bárki a boldogtalanságot?

Nos, az a helyzet, hogy van pár motiváló tényező:

- Ez ismerős.
- Ez egy jó módja annak, hogy figyelmet kapj.
- Ez a kapcsolódás egy fajtája (arról panaszkodni, mi nem működik az életben, a társadalom egy kapcsolatformálási módja).

Amikor a dolgok nem működnek, az emberek elhívnak kévézni; elvisznek vásárolni; vagy elküldenek egy fürdőbe.

Amikor azonban a dolgok nagyszerűen alakulnak, néhány ember mérges lesz rád vagy azon tűnődik, mit szívtál. Nem kérdezik meg, hogyan támogassanak vagy hívnak el helyekre. *Sőt, mások gyakran nem is tudják, hogyan viszonyuljanak mások öröméhez és sikeréhez.*

A boldogtalanság egy szokássá vált, mindent áthat a pesszimizmus. Ilyenkor az életünket annak a küzdése tartja fent, amikor valami nem működik. Ám mi van akkor, ha nem kell megszenvedned azért, hogy kikerülj a boldogtalanságból?

A függőség egy betegség.

A boldogság könnyedség.

Az alkoholfüggőségben szenvedők nagyon küzdenek azért, hogy elengedjék a szokásukat, végezetül pedig támogatásra van szükségük ahhoz, hogy végleg letegyék az üveget.

Ehhez hasonlóan a boldogtalanság is egy függőség. Ahhoz, hogy letedd a boldogtalanságot, abba kell hagynod, hogy azt gondolod, egyedül is menni fog. Kérj segítséget.

4. LÉPÉS: KÉRJ SEGÍTSÉGET ÉS OSZD MEG A TÖRTÉNETED

A boldogság az, hogy befogadod magad egy ajándékként.

Megpróbáltam egyedül túljutni a traumámon és a boldogtalanságomon, ez azonban sehova nem vezetett. Alkoholhoz és drogokhoz fordultam, hogy lezsibbasszam magam egy időre, hiszen nem bírtam elviselni a fájdalmat, amiben részem volt.

Végezetül be kellett vallanom magamnak, hogy szükségem van segítségre, így elolvastam minden önsegítő könyvet, amit csak találtam. Betekintést nyertem általuk a gyógyulásba és a boldogságba, mégsem volt ez elég.

A professzorom volt az, aki felajánlotta a segítséget, amire szükségem volt azáltal, hogy egy biztonságos teret biztosított számomra, ahol megoszthattam a történetemet. Ezidáig minden titkom és aggodalmam el volt zárva a testembe, elhanyagolva és magára hagyva.

Hogyan tapasztalhatnád meg a valódi boldogságot, amikor bizonyos részeid el vannak zárva?

Annak érdekében, hogy abbahagyd a boldogtalanság választását, és elkezdd a boldogságot választani, le kell ásnod a boldogtalanságod gyökeréhez. Ehhez szükség van rá, hogy szembenézz olyan eseményekkel, szituációkkal és kapcsolatokkal a múltadban, amelyek hatással vannak a jelenedre.

A boldogtalanságod súlya akkor szűnik meg, amikor egy szakember szemfüles figyelme alá kerülsz, legyen az akár egy terapeuta, orvos vagy egyéb kezelő. Ha ilyen módon osztod meg a történetedet, az elkezd kiszabadítani téged a boldogtalanság ketrecéből.

Amikor így teszel, kimozdulsz a rabszolgaságból a szabadságba, a korlátozásból a lehetőségbe. Nem teremthetsz új jelent és jövőt, amíg szembe nem nézel a múlttal, ami oda vezetett, ahol most vagy. Meg kell osztanod a történeted, tanulnod belőle, valamint felfedezned, hogyan teremthetsz egy újat.

Amint igénybe veszed egy megbízható tanácsadó segítségét, mélységes megkönnyebbülést fogsz érezni, hogy nem kell többé egyedül küzdened.

5. LÉPÉS: TANULJ MEG BEFELÉ FIGYELNI

A boldogság az, hogy elcsendesedsz, figyelsz, és pontosan azt teszed, amit hallasz.

Elsőre furcsa lehet, hogy arra biztatlak, keríts segítséget, majd azt mondom, kövesd a saját útmutatásodat, azonban mindkettő fontos. A terapeutával való munka segít kitisztítani a belső „zsizsegésed" nagyját, hogy ráhangolódhass és meghallgathasd a saját, belső útmutatódat. Végtére is a belső útmutatásod a boldogságod valódi kulcsa.

Sok ember követi el azt a hibát, hogy azt gondolják, boldogok lesznek, amikor megvan a BMW, a vállalati munka, összeházasodtak a „megfelelő emberrel", fehér cölöpkerítéssel és 2,5 gyerekkel.

Azonban az igazság az...

Ha az alapján építed fel az életedet, amiről azt gondolod, hogy birtokolnod kell, vagy arra alapozod, hogy másoknak mije van, az egyenes út a boldogtalansághoz. Ennek hatására kívülről befelé hozol döntéseket, nem pedig bentről kifelé.

Amikor időt szánsz rá, hogy ráhangolódj a belső hangodra, és megengeded annak a bölcsességnek, hogy irányítsa a döntéseidet, elkezdesz más választásokat hozni, valamint új, bizalomra és tiszteletre épülő kapcsolatot alakítasz ki önmagaddal. Ez nagyban hozzájárul a magaddal és másokkal való boldogságod ápolásához.

Nagy valószínűséggel azzal töltötted az életed jelentős részét, hogy mások hangjára hallgattál, így beletelhet némi időbe, mire ráhangolódsz a saját belső hangodra.

A következő gyakorlatot naponta elvégezheted, hogy felerősítsd a képességedet, hogy meghalld a belső hangodat:

1. Állíts be ébresztőt (legalább) 5 percre.
2. Tedd fel magadnak ezeket a kérdéseket: *Mit akarok?*

Milyen megtapasztalást keresek?

Mi fog hozzásegíteni ehhez?

1. Fülelj a válaszokért, és írd le mindegyiket. (Ne próbáld meg „kitalálni" a válaszokat, csak hagyd, hogy egy tudatos áramlásban írj, módosítgatás és megállás nélkül.)

Amikor a belső vezettetésedre hallgatsz, és az alapján cselekszel, olyankor belülről kifelé élsz. Ez az egyenes út a valódi boldogsághoz.

6. LÉPÉS: GAZOLJ ÉS VESS EL ÚJ MAGOKAT

A boldogság az, hogy megengeded magadnak, hogy bevesd a saját kertedet.

Nyersen szólva, ha boldog akarsz lenni, hajlandónak kell lenned mindent megkérdőjelezni az életedben. Hajlandónak kell lenned *bármit* megváltoztatni, ami nem hozzájárulás a választásodhoz, hogy boldog legyél.

A boldogság egy „belső munka", habár az emberek, események és szituációk, amikkel körülveszed magad, vagy hozzáadnak, vagy elvesznek a boldogságodból.

Mennyire vagy hajlandó elismerni, hogy valami, amit „X" évig csináltál, már nem kielégítő – és milyen gyakran kerülöd a megváltoztatását?

Nem lehetsz boldog anélkül, hogy kihúznál pár gazt, ami átszőtte az életedet, így amint elismerted, hogy valami nem működik neked:

Köszönd meg neki mindazt, amit adott neked.

Engedd el szeretettel és hálával, ellenkezés nélkül.

Most, hogy kigazoltál, szabadult fel hely az új magok ültetésére. Feltheted a kérdést, hogy: „Mi fog boldoggá tenni?"

Minden, amit ezekért a lépésekért tettél, támogatni fog téged azzal, hogy új boldogságmagokat hint el. Ahogy minden kertész rendszeresen gondoskodik a növényeiről, neked is rendszeresen ápolnod kell az életed kertjét azáltal, hogy gazolsz, és törődsz az újonnan elvetett magokkal.

7. LÉPÉS: ENGEDD SZABADJÁRA A MENŐSÉGED

A boldogság az, hogy beleveted magad az ismeretlenbe, és tudod, hogy fel fog bukkanni a háló.

Most lesz igazán jó – még a jónál is jobb.

Király lesz!

Ahogy végigjárod a lépéseket 1-től 6-ig, elkezdesz egy olyan életet teremteni magadnak, ami túlmutat minden számodra ismerős referenciaponton. Nincs többé korlátozás, hogy mi lehetsz vagy mit tehetsz. Az összes új lehetőség teremtőjévé válsz.

Ez az, amikor „szabadjára engeded a menőséged", és annál is több boldogságba ugrasz fejest, mint amiről azt gondoltad, hogy lehetséges.

És itt kezd trükkössé válni…

Elkezdheted kétségbe vonni és megkérdőjelezni magadat: „Tényleg az enyém lehet mindez?" (Rémlik a 3. lépés, a boldogtalanságfüggőség?) Az is lehet, hogy nem mered belevetni magad.

„Lesz ott háló?"

„Egyenesen pofára esem majd?"

Amikor ez történik, csak rajtad áll, hogy ismét válassz.

„Azt választom, hogy abban hiszek, hogy az univerzum ellenem van, vagy hogy támogat engem?"

Hiszek a levegőben, habár nem látom, nem kézzelfogható, nem tudok rámarkolni, mégsem tudok élni nélküle. Ehhez hasonlóan rugaszkodsz el, miközben tudod, hogy az univerzum mögötted áll, és a háló meg fog jelenni.

Ekkor pedig belekatapultálsz az életbe, amiről mindig is álmodtál, és az általad elhintett magok is újabb lehetőségekké bontakoznak ki számodra.

Ne feledd, hogy nem ugorhatsz fejest, amíg el nem ismered, hogy boldogtalan vagy, míg nem választod a boldogságot, el nem engeded a boldogtalanságfüggőségedet, segítséget nem szerzel, hallgatsz, gyomlálsz, és új magokat nem vetsz.

Most készen állsz az elszabadulásra.

Ahogy a sárga köves út, ezek a lépések is biztos receptje a boldogságnak.

A valódi kérdés az, választod-e?

A boldogság az isteni születési jogod.

FEJEZET 10

UTÓSZÓ

Engedd meg magadnak, hogy bízz az örömben, és öleld magadhoz.
Észre fogod venni, hogy mindennel táncba perdülsz.

— RALPH WALDO EMERSON

Várható, hogy néhány ötlet, amit olvastál, egy radikális perspektívának tűnik.

Ha egész eddig szűkösen éltél, ellenőrizgetted és adagoltad az energiádat, egy szűk környi mozgásformára szorítkoztál – a *bántalmazás láthatatlan ketrecében* –, nyilvánvaló, hogy szokatlannak tűnik, mintha csak a képzeleted birodalmából pattant volna ki, hogy teljesen másképp csinálj dolgokat...

Hogy egy radikálisan orgazmikus, eleven valóságot élj[1]. Vagy ahogy én szeretem mondani... Hogy megéld az *ÜVÖLTÉSED!*

Az az igazság, hogy amit eléd tártam itt, valójában tényleg *csak a kezdete* annak, hogy elkezdj a Radikális elevenség felé

---

1. Radically Orgasmically Alive Reality – ROAR
    Radikálisan orgazmikus, eleven valóság – ÜVÖLTÉS

haladni – nagyjából, mint a „Fenéken billenteni a bántalmazást" gyakorló üzemmódban.

(Ha szeretnél többet megtudni, akassz le egy példányt a *Fenéken billenteni a bántalmazást* könyvből, amikor megjelenik, vagy látogass el a honlapomra: www.DrLisaCooney.com.)

Ahogy pedig megígértem az elején, az eszközök – koncepciók, tippek és lépések –, amiket itt mutattam, átkísérnek az ellenállás mocsarán, ami eddig az élet beszűkült megtapasztalásához horgonyzott.

Az ellenállás különféle formákban jelenik meg – a legtöbbje pedig nagyon is „valósnak" és hihetőnek tűnik. Valóban úgy tűnik, hogy nincs meg ahhoz a pénzed, időd, energiád, tudásod vagy készséged, hogy azt tedd, amit akarsz.

Ezek azonban nem okok vagy indokok.

Ezek *teremtmények.*

És mind abból az ötletből származik, hogy: „Valami baj van velem... látod?"

Ha egy dolgot kellene mondanom az ellenállásról, az az, hogy mindig van *valami,* ami közéd és aközé áll, amit szeretnél. Végeredményben azonban mind csupán teremtmények – álcázott kifogások –, amiknek egyetlen célja van csak: hogy visszatartson téged attól, hogy túlmerészkedj azon, amit biztonságosnak érzékelsz és tudsz.

Amikor megnézed közelebbről, ez a fajta biztonság egy elég relatív fogalom, egy mozgó célpont, amit egy olyan kontextus határoz meg, amit te teremtettél egy ponton, hogy megvédd magad. Azonban amikor a bántalmazás láthatatlan ketrecében élsz, ami egy bántalmazó múltra épült, akkor valójában mi biztonságos?

Így hát, amikor legközelebb ellenállást érzel, félsz szembenézni valamivel, vagy úgy érzed, mindent megpróbáltál és semmi nem működik, íme néhány kérdés, amit feltehetsz magadnak:

Ha tudnám, hogy ez megállít engem, hajlandó lennék elengedni?

Hajlandó vagyok elengedni az ítéletemet ezzel kapcsolatban? Hajlandó vagyok elcserélni „x"-et „y"-ra?

Zárásként, a valódi biztonságot csak kiterjedésen és tudatosságon keresztül lehet megtapasztalni, a saját éberségeden keresztül a jelenben. Ez abból adódik, hogy megtanulod felismerni és meghallgatni a benned rejlő tudatosság suttogásait, bízva abban, amit hallasz, és az alapján cselekszel pillanatról pillanatra.

Ez a boldogság választásában rejlik, valamint, hogy hagyod, hogy az vezéreljen.

Ez a könnyedségbe, gondtalanságba, örömbe és szórakozásba való *kiterjedésben* rejlik, ami lehetséges, amikor magadért választasz.

Végezetül pedig ez abban rejlik, hogy megtanulsz kedvességgel élni...

Másokkal, a bolygóval, és mindenekelőtt... *Magaddal*.

A SZERZŐRŐL

 Dr. Lisa Cooney egy kreatív, generatív vezető a személyes átalakulás területén, valamint szakértője a bántalmazáson túli gyarapodásnak. Hivatásos házasság- és családterapeuta, PhD., Theta Healing mester, minősített Access Consciousness facilitátor, és az Éld meg az ÜVÖLTÉSED! Légy önmagad! Túl mindenen! Teremts varázslatot! alapítója. Nemzetközileg elismert szakértőként Dr. Lisa munkája

emberek ezreinek tette lehetővé, hogy áthidalják a gyerekkori szexuális bántalmazásukat, és a bántalmazás egyéb formáit, hogy megéljék a „Radikálisan orgazmikus, eleven valóságukat" (ROAR).

A munkájának varázsa elemi koncepciókra összpontosul, amelyeket arra használt, hogy nemcsak kora gyerekkori bántalmazásából, hanem életveszélyes betegségéből is kigyógyítsa magát. Ezek az alapvető elvek, amikbe beletartozik a 4 C - válassz magadért, köteleződj el magad mellett, működj együtt az univerzummal és tudd, hogy azon ügyködik, hogy megáldjon téged, és teremtsd az életet, amire vágysz – a mély és tartós átalakulás próbakövei.

Az átalakító bölcsesség tudásanyagához való saját forradalmi és „felfedezői" hozzájárulásán felül tehetségesen használja az Access Consciousness kreatív eszközeit, valamint más modalitásokat, hogy facilitáljon másokat minden akadályon való túllépésre, egyenesen a saját tudásuk terébe...a térbe, ahol közvetlen hozzáférésük van a tudatosság suttogásához.

Az élet „Rendelkezem ezzel!... Bármibe is kerüljön!" megközelítéséről ismert Dr. Lisa arra tanítja az embereket, hogyan kapcsolódjanak játékosan ehhez a varázslatos és generatív energiához, hogy egy olyan életet teremtsenek, ami könnyű, igaz és szórakoztató a számukra.

BESZÁMOLÓK

Dr. Lisa Cooney egy nagyszerű facilitátor! Lézeres pontossággal látja át, mi zajlik benned, és tápláló támogatással segít át rajta! Ragyogóan rávilágít, mit rejtegetsz a felszín alatt, amiből nem tudod, hogyan rángathatnád ki magad. Számtalan változás és újdonsült éberség tört felszínre azzal kapcsolatban, miért csinálom azt, amit, magammal és azokkal, akik fontosak a számomra. Eszközöket adott, hogy megváltoztassam még az életem legmélyebb, legsötétebb traumáit is. Segített, hogy felfedjem az igazi, gyönyörű énemet. MOST már VALÓDI VÁLASZTÁSOM van az életemben, hogy olyan szabadon éljek, amennyire csak választom! Melegen ajánlom Dr. Lisa Cooney-t facilitátorként, a testtanfolyamait, és a Radikálisan eleven élet kurzusait!!

— SHERRI JORGENSEN

Annyi minden változott meg az életemben, amióta először hallottam Dr. Lisát a Radikális elevenség a bántalmazáson túl teremtéséről és megtestesítéséről beszélni. Bántalmazó múlt nélkül meglepő volt számomra, milyen mértékben képes a bölcsessége bármit megváltoztatni... túl a bántalmazáson! A kapcsolatom a testemmel más lett, jobb, és sokkal jobban is szórakozom, valamint jobban jelen vagyok a testemmel, mint valaha. A kapcsolatom másokkal könnyebb, és az üzletben is másokkal dolgozom együtt, amit eddig kerültem. Mindenekelőtt azonban egy teljesen más szinten választok magamért, és teremtem az életet, ami működik nekem. Ezek csak példák arra, ahogy a Radikális elevenség eddig megjelent nekem. Hogy lehetne még ennél is jobb?

— DONNA HILDEBRAND

Dr. Lisával dolgozni a legjobb dolog, amit valaha magamért tettem! Az életem oly módokon változott meg, amiről csak álmodni mertem ezelőtt. Egy egész életnyi áldozatszerepet hagytam magam mögött, a folyamatban pedig minden szempontból magabiztosabbá és egészségesebbé váltam − fizikailag, mentálisan, érzelmileg és spirituálisan. Képes voltam magam mögött hagyni egy borzalmas munkát, megdupláztam a jövedelmemet, és létrehoztam egy új üzletet. Lefogytam több, mint 45 kilót, és egy egészséges párkapcsolatban élek egy szerető társsal. Köszönöm, köszönöm, köszönöm.

— TRICIA

Dr. Lisa egy hihetetlenül erőteljes és eltökélt gyógyító, aki képes megragadni és átalakítani minden akadályt, ami a szeme elé kerül. Ez mély bizalommal és biztonsággal átitatott légkört teremt, ami lehetővé teszi, hogy mindenki legmélyebb félelmei, blokkjai és alapvető hiedelmei a felszínre törhessenek, hogy aztán begyógyulhassanak. Hatalmas ajándék a világ egyik legerőteljesebb gyógyítóinak egyikével dolgozni.

— STEPHEN

Lisa a LEGJOBB! Néhai aranyérmesként és világbajnokként teljes mellbedobással támogatom Dr. Lisa úttörő munkáját az egyéni megerősítés és gyógyítás terén. MŰKÖDIK!

— PATRICK